Deseo,
Desisiór
Desiplina

UNA
REVELACIÓN
DIVINA
de la
ORACIÓN

MARY K. BAXTER

con *GEORGE BLOOMER*

UNA REVELACIÓN DIVINA de la ORACIÓN

**WHITAKER
HOUSE**

Todas las citas bíblicas son tomados de la versión Santa Biblia, La Biblia de las Américas®, LBLA®, © 1986, 1995, 1997 por The Lockman Foundation. Usadas con permiso. Derechos reservados. (www.LBLA.org)

Traducción al español realizada por:

Sí Señor, We Do Translations
P.O. Box 62
Middletown, DE 19709 E.U.A.

Jorge Jenkins
TEL: (302) 376-7259
Email: sisenortra@aol.com

UNA REVELACIÓN DIVINA DE LA ORACIÓN
publicado originalmente en ingles bajo el titulo
A Divine Revelation of Prayer

Para invitaciones con relación a predicaciones, favor de ponerse en contacto con:

Evangelist Mary K. Baxter
Divine Revelation, Inc.
P.O. Box 121524
West Melbourne, FL 32912-1524
www.adivinerevelation.org

George G. Bloomer
Bethel Family Worship Center
515 Dowd Street
Durham, NC 27701
www.bethelfamily.org

ISBN: 978-1-60374-073-9
Impreso en los Estados Unidos de América
© 2009 por Mary K. Baxter y George G. Bloomer

Whitaker House
1030 Hunt Valley Circle
New Kensington, PA 15068
www.whitakerhouse.com

Library of Congress Cataloging-in-Publication Data

Baxter, Mary K.
[Divine revelation of prayer. Spanish]
Una revelación divina de la oracion / por Mary K. Baxter con George Bloomer ; [traducción al espanol realizada por Jorge Jenkins].
p. cm.
Summary: "Describes spiritual visions relating to answered prayer and deliverance, how to pray, and what to do if your prayers do not seem to be answered"—Provided by publisher.
ISBN 978-1-60374-073-9 (trade pbk. : alk. paper) 1. Prayer—Christianity.
2. Private revelations. I. Bloomer, George G., 1963– II. Title.

BV210.3.B3918 2009
248.3'2—dc22

2008042951

1 2 3 4 5 6 7 8 9 10 ⑾ 15 14 13 12 11 10 09

CONTENIDO

Prefacio

Alguna vez te has puesto a pensar qué tan importante eres para Dios? Tu existencia es tan vital, puesto que así lo dice en las Escrituras:

> *Y dijo Dios: Hagamos al hombre a nuestra imagen, conforme a nuestra semejanza; y ejerza dominio sobre los peces del mar, sobre las aves del cielo, sobre los ganados, sobre toda la tierra, y sobre todo reptil que se arrastra sobre la tierra. Creó, pues, Dios al hombre a imagen suya, a imagen de Dios lo creó; varón y hembra los creó.*
>
> (Génesis 1:26–27)

> *¡Sin embargo, lo has hecho un poco menor que los ángeles, y lo coronas de gloria y majestad! Tú le haces señorear sobre las obras de tus manos; todo lo has puesto bajo sus pies:* (Salmo 8:5–6)

Aunque Dios honró a los seres humanos y les confió el dominio sobre las cosas que Él había creado, la habilidad de la humanidad para tener dominio se vio interrumpida, cuando el primer hombre y la primera mujer desobedecieron Su mandamiento, rechazando los caminos de Dios. Por lo tanto, todos nosotros necesitamos tener una relación restaurada con Dios, a través de Cristo Jesús, para poder ejercitar la verdadera autoridad en la tierra. Además de esto, nuestro caminar de fe, y nuestra efectividad, solo van a ser tan fuertes como lo sea nuestra vida de oración y nuestra entrega y dedicación a Dios.

La oración es esencial para nuestra vida

Cuando tú comienzas a platicar con Dios y a tener comunión con Él, Él responde y te da Su sabiduría y conocimiento. Él te muestra quien eres tú verdaderamente en Cristo Jesús, y te da el poder y la valentía que necesitas, para poder interceder por un cambio, no solo en tu vida, sino también en la vida de aquellos que te rodean. ¿Por qué? Porque Su unción poderosa afecta todo aquello que entra en Su presencia.

Hoy en día, mucha gente está buscando iluminación espiritual y una manera renovada de pensamiento con relación a la vida en general. La mayoría no conocen, que lo que realmente están buscando es una relación restaurada con Dios, el Padre Celestial, a través de nuestro Señor Jesucristo. La cosecha de buscadores espirituales es muy grande, pero muchos de los obreros de Dios se han cansado, y han caído al lado del camino. Ahora más que nunca, la oración es esencial para nuestra vida y para la vida de otros. Sin la oración, y sin la Palabra de Dios, que nos conecta con el corazón y con la mente de Dios, quedamos abandonados a nuestras propias imaginaciones y hábitos auto-destructores.

Dios está esperando que nosotros nos acerquemos a Él, para pedirle guía divina. Él está buscando las oportunidades para contestarnos, porque al hacerlo, Él es glorificado. El Señor no quiere dejarnos dependiendo de nuestras propias habilidades. Al contrario, Él nos advierte que Lo busquemos en todas y para todas las cosas. *"Reconócele en todos tus caminos, y El enderezará tus sendas"* (Proverbios 3:6). Necesitamos reconocer la soberanía de Dios, y Su habilidad omnipotente para darnos todas las respuestas que estamos buscando.

Muchas veces, nos encontramos tan ocupados tratando de ver si Dios va a contestar nuestras oraciones, que nos convertimos en nuestras propias ataduras y obstáculos a las respuestas de nuestras oraciones, por medio de tratar de "ayudar" a Dios a que nos bendiga. Él desea ser el proveedor de todas nuestras necesidades. Por lo tanto, Dios no necesita nuestra ayuda para poder bendecirnos, sino que Él necesita que nosotros nos convirtamos en vasos obedientes, dispuestos para que el Maestro nos pueda usar, y listos, estando deseosos de llevar a cabo Sus mandamientos para la obra de Su Reino.

DIOS POSEE LA LLAVE

La oración tiene la habilidad de mostrarnos, tanto nuestras debilidades, como el poder de Dios. A medida que nos abrimos y somos honestos ante Dios, la oración revela nuestro verdadero "yo". Nada puede permanecer oculto—ni siquiera las cosas que deseamos que Dios no pudiera ver. Él lo ve y lo conoce todo acerca de nosotros, pero la oración va a revelar esas debilidades a nosotros mismos, para que podamos voltear a Dios, en busca de Su poder.

A pesar de nuestras debilidades y de nuestros fracasos, Dios nos ama. Cuando reposamos en Él, confiando en la obra de Cristo Jesús para salvarnos y para investirnos de poder, Él nos da la capacidad para que nos convirtamos en aquello para lo cual nos creó. Algunas veces, dependemos en nuestras propias palabras, en lugar de depender en el poder de Dios. Ya es tiempo de echar a un lado todo ese lenguaje religioso, para poder abrazar el Espíritu y la Omnipotencia de Dios. A medida que reposamos en el conocimiento de que Él es nuestro Proveedor, y descansamos en Él, vamos a comenzar a experimentar Sus obras milagrosas.

Una Divina Revelación de la Oración te va a dar la seguridad de conocer que Dios tiene todos tus intereses en Su corazón, aun cuando parece que tus oraciones no han sido contestadas. Sigue "reconociéndolo" y creyendo en Él como tu Padre Todo Poderoso. Él tiene la llave que abre la puerta a todo tipo de provisión que tú puedas necesitar. Dios no solo tiene los medios para suplir tu necesidad, sino que también, en forma asombrosa, si tú buscas Su voluntad en oración, con fe, tus oraciones ya han sido contestadas en el medio ambiente espiritual. (Favor de ver Marcos 11:24). Tú solo estás esperando que la manifestación de aquello por lo que has orado, se haga presente en el medio ambiente físico.

No existe razón alguna para ser intimidado por las circunstancias, cuando tú tienes acceso a la sabiduría y al poder de tu Dios. Con una vida regular de oración, tú puedes tener paz, en lugar de tener pánico en medio de las crisis que se te presenten. Una encuesta del grupo Gallup en 2003 reveló que solo el 35 por ciento de los cristianos americanos tienen "alegría interior, aun cuando las cosas van muy mal".[1] ¿Cómo podemos hacer que este porcentaje aumente? Por medio de obedecer los mandamiento de la Palabra de Dios, y por medio de animar a los demás a que hagan lo mismo: siempre debemos orar y no desanimarnos jamás. (Favor de ver Lucas 18:1).

[1] George H. Gallup Jr., "How Are American Christians Living Their Faith?" http://www.gallup.com/poll/9088/How-American-Christians-Living-Their-Faith.aspx (revisado el día Marzo 7, 2008).

Introducción

Por Mary K. Baxter

Algunos de los momentos íntimos que he tenido con Dios, han sido durante períodos de gran tribulación en oración. Es durante estos momentos, que Dios Se ha revelado a Sí Mismo en visiones conmigo, y estoy tan agradecida de haber tenido la oportunidad de compartir estas visiones poderosas a través de todo el mundo, liberando a los cautivos. Siempre estoy muy agradecida hacia Dios cuando Él me revela Sus secretos a través de la oración. Me regocijo al saber que Él me confía lo suficiente, para que yo pueda trabarme en batallas espirituales en contra del reino de las tinieblas, y poder interceder para que las obras poderosas de Dios se puedan realizar. He aprendido que todo lo que Dios nos revela es muy importante y siempre tiene un propósito—incluyendo las cosas que están escritas en las Escrituras, las cuales muchas veces no tomamos en cuenta.

La naturaleza y el poder de la oración

La oración ayuda a establecer una relación con Dios

Muchas de las cosas que Dios me mostró durante mis visiones, no llegaron a suceder sino hasta después que pasaron años. Por esto es que siempre me gusta compartir acerca de la naturaleza y del poder de la oración. A menos que hablemos con Dios y aprendamos a reconocer Su voz, nos vamos a impacientar cuando las cosas en la vida no van de acuerdo a lo que habíamos planeado. A medida que establecemos una relación con Dios, vamos a aprender a vivir en un lugar de contentamiento, donde, sin importar lo que esté sucediendo a nuestro derredor, nosotros podamos ver más allá del medio ambiente natural, hacia el medio ambiente espiritual. Dios siempre tiene una perspectiva más grande y un plan que es mucho mejor de lo que nos podemos imaginar.

La oración no tiene límites

También he podido aprender que la oración no tiene límites. Muy frecuentemente, he llamado a otros intercesores para que se pongan de acuerdo conmigo en oración, y ya sea, que se encuentren sentados a mi lado, o que estén a miles de millas de distancia en el teléfono, el resultado siempre es el mismo: Dios escuchó y contestó las oraciones. Una vez, mientras oraba con otro intercesor que yo había conocido muy recientemente, ¡me di cuenta de que ella era la persona que yo había visto en una visión años antes! Esta y otras ocurrencias milagrosas están incluidas en los capítulos que siguen, junto con una revelación divina de lo que sucede realmente en el medio ambiente espiritual mientras nosotros oramos, y las comparto para que puedan fortalecer tu fe, y que tú puedas tener tus propias experiencias maravillosas con Dios a través de la oración. Por ejemplo, no nos damos cuenta de lo mucho que Dios se agrada cuando nos sometemos nosotros mismos como sacrificios vivos ante Él, y la forma como Él nos recibe en Su altar en el cielo.

La oración necesita ser combinada con un corazón puro

Dios es Santo, y es muy importante acercarse al Señor en oración con un corazón puro. Esto no significa que nunca vas a estar luchando con diferentes asuntos, porque Dios nos da el don de la oración, como un medio para poder comunicarnos con Él, y para que podamos recibir Su ayuda y Su sanidad cuando nos encontremos en medio de nuestras luchas personales. Acercarse a Dios con un corazón puro, significa que tus intenciones son sin amargura y sin malicia alguna. Por ejemplo, tú no quieres ir ante el Dios Santísimo solo porque tú te enojaste con tu hermano o hermana, para pedirle al Señor que le traiga males a la vida de esa persona. Esto le desagrada a Dios, y no es el propósito para el cual Dios creó la oración.

La oración necesita ser combinada con la Palabra de Dios

La Palabra de Dios es verdad. Debe ser respetada, y debe convertirse en la base para nuestras oraciones. Es el manual espiritual que Dios nos ha dado como arma, para que la usemos en contra del reino de las tinieblas. De nuevo, Dios tiene un propósito para todas las cosas que ha escrito en Su Palabra. Él quiere que incluyamos Su Palabra en nuestras oraciones, para que Le mostremos que estamos confiando en Sus promesas, y que estamos esperando que Él cumpla esas promesas en nuestra vida. También debemos conocer Su Palabra para que podamos contraatacar las acusaciones que el diablo trae contra nosotros. (Favor de ver Romanos 8:1; Apocalipsis 12:10–11). Finalmente, la Palabra de Dios nos ayuda a familiarizarnos con los caminos de Dios, para que no seamos vulnerables ante los engaños y las enseñanzas falsas de otros, que pueden ser lobos, vestidos en ropas de ovejas. (Favor de ver Mateo 7:15).

La oración revela la voluntad de Dios

No solo eso, sino que a medida que aprendemos a platicar con Dios, es que también vamos a encontrar lo que debemos ser y lo que debemos hacer en nuestra vida. Tal vez, te has preguntado, *Dios, ¿cuál es mi llamamiento; cuál es mi propósito? ¿Por qué me has traído a este planeta tierra? ¿Cuál es el significado de mi existencia?* Las respuestas a estas y a muchas otras preguntas, las puedes encontrar, por medio de buscar diligentemente al Señor en oración. Dios tiene un propósito para nuestra existencia. Aunque no siempre lo podamos entender, Dios siempre está listo para guiarnos, aun cuando estemos renuentes a seguirlo. Yo quiero que tú sepas que Dios te ama, y que continuamente tiene tus intereses en Su corazón. Cuando sabes tu propósito, y eres diligente en cumplirlo, tu no vas a permitir que nada, ni nadie se interponga en el camino para llevar a cabo lo que Dios te ha mostrado, por Su Espíritu Santo.

La diligencia es algo indispensable debido a que, de nuevo, Dios no siempre manifiesta las respuestas a las oraciones de inmediato. Él nos permite pasar por ciertas experiencias en la vida, para que cuando Él se presenta con la respuesta, seamos capaces de manejar lo que Él dice y lo que Él hace. Dios sabe que todavía no estamos listos para manejar cierto tipo de cosas que *pensamos* que podemos manejar. Por lo tanto, Él nos escuda, de la misma manera que un padre escuda y protege a su hijo o su hija que está aprendiendo a dar sus primeros pasos dentro de una etapa nueva de la vida. La oración nos capacita con la habilidad para recibir la guía de Dios, y no tener que preocuparnos en hacer un montón de cosas que parecen buenas. (Favor de ver 2ª Tesalonicenses 3:13).

Mi oración para ti es que a medida que lees este libro, seas lleno con la unción de Dios, para que obtengas una mayor revelación de la omnipotencia de Dios, y que recibas un derramamiento del Espíritu Santo como nunca antes. Yo alabo a Dios porque *Una Revelación Divina de la Oración* va a ir por todo el mundo liberando gentes. Le doy gracias a Dios de que puedo compartir contigo los pedacitos de bendición que Él me ha dado. Dios te bendiga. Te amo mucho.

Amado Padre Celestial,

Que Tu poder toque a la persona que está leyendo este libro. Que él o ella sienta Tu unción en cada página. Oro que cualquier atadura que ha estado atando a este individuo o a su familia, sea echado fuera de sus vidas en el Nombre de Jesús. Que este libro sea un arma que transforme vidas para Tu gloria y para Tu honra. Que Tu paz, que sobrepasa todo entendimiento, llene a Tu pueblo, y que podamos encontrar

Tu santidad en nuestro corazón. Padre, yo vengo en contra del reino de las tinieblas, en contra de los principados y potestades que han estado cegando a Tu pueblo e impidiéndoles que Te vean en toda Tu gloria. Que seamos iluminados continuamente, ¡y que nuestro crecimiento en Ti, sea mayor que nunca antes! En el Nombre de Cristo Jesús, amén.

—*Mary K. Baxter*

Introducción

Por George G. Bloomer

Como pastor, muy frecuentemente soy confrontado con la pregunta, "¿Obispo Bloomer, por qué Dios no ha contestado mis oraciones?" Mientras que puede haber todo un número de razones para un retraso en la respuesta de una oración, estas verdades son muy claras: (1) Dios quiere que nosotros oremos, (2) Él desea revelarse a Si Mismo a nosotros, y, (3) Él quiere contestar nuestras oraciones:

> *Así dice el Señor que hizo la tierra, el Señor que la formó para establecerla; el Señor es su nombre: "Clama a mí, y yo te responderé y te revelaré cosas grandes e inaccesibles, que tú no conoces."* (Jeremías 33:2–3)

> *Por eso os digo que todas las cosas por las que oréis y pidáis, creed que ya las habéis recibido, y os serán concedidas.*
> (Marcos 11:24)

Este libro explora las razones de por qué tus oraciones parecen no haber sido contestadas, para que te puedas mover más allá de ese punto de duda y de confusión, y que puedas fortalecer tu fe en Dios y en Sus propósitos. También revela lo que sucede en el medio ambiente celestial cuando tú oras, y la forma como Dios quiere usar tus oraciones, para efectuar Su voluntad en este mundo.

La oración trae ayuda espiritual y transformación cultural

Hemos escuchado tanto acerca del "poder de la oración", que muchos cristianos se han hecho indiferentes a ello. Pero esta frase no es solamente un dicho popular. El poder de la oración es real. Dios tiene tantos deseos de contestar nuestras oraciones, que Él nos ha dado el don de tener un acceso directo hacia Él Mismo y a Su corazón. Jesús prometió, *"Si me pedís algo en mi nombre, yo lo haré"* (Juan 14:14).

Frecuentemente, oro e intercedo por individuos que parecen estar asombrados cuando sus oraciones finalmente han sido contestadas. Nos hemos acostumbrado tanto a solo decir palabras, que algunas veces se nos olvida que nos estamos comunicando con un Dios que todo lo sabe y que es Todopoderoso. Cuando oras, tus oraciones son escuchadas en el cielo, y Dios manda Sus ángeles para realizar Su voluntad a favor tuyo. Debes darte cuenta que la oración no es solo un rito. No es estar hablando contigo mismo. Es un vehículo muy poderoso para la ayuda espiritual y para la transformación cultural.

La oración nos fortalece para la guerra espiritual

Cuando tú oras y le entregas tus preocupaciones a Dios, tú te conviertes en una amenaza muy poderosa para el reino del diablo, porque él sabe que tú no te vas a rendir sin pelear. El diablo se da cuenta que no está peleando contra un simple hombre o una simple mujer, pero que está peleando contra Aquel que está dentro de ti, y que es infinitamente mayor que él. (Favor de ver 1ª Juan 4:4). Él sabe que su estrategia debe ser mucho más astuta y engañosa, a fin de poder llevar a cabo sus propósitos. El diablo quiere apartarte el tiempo suficiente, y que ya no camines con Dios, para poder infligir en ti su daño demoníaco. El diablo siempre intenta poner en ti, mucho más de lo que tú puedes llevar, esperando que tú comiences a dudar de tu Dios, y que te rindas, y aun, que llegues a renunciar a tu fe. ¡No caigas en esta trampa!

> *Por tanto, mis amados hermanos, estad firmes, constantes, abundando siempre en la obra del Señor, sabiendo que vuestro trabajo en el Señor no es en vano.*
>
> (1ª Corintios 15:58)

Dios reconoce la perseverancia, y Él recompensa a aquellos que continuamente Lo buscan en forma diligente, por medio de la oración. (Favor de ver Hebreos 11:6).

La batalla o guerra espiritual en que nos encontramos involucrados es como una pelea de box. Una vez que un boxeador puede ver las debilidades de su oponente, él las va a usar para su ventaja. Él comienza golpeando los puntos donde él ya ha infligido el mayor daño, porque sabe que es solo cuestión de tiempo para que su oponente caiga de rodillas. El diablo tiene la misma estrategia. Ya sea que se trate de tu familia, o de tu salud, tu carrera profesional, tus finanzas, o cualquier otro aspecto de tu vida, él va a estudiar el área donde parece haber inflingido el mayor daño, y va a continuar golpeando ahí, una y otra vez, esperando pacientemente a que te rindas a él. Tu misión es decirle al diablo que la única persona a quien te vas a rendir en toda tu vida es Dios, ¡y que solo ante Dios tú vas a doblar tus rodillas!

Mi oración por ti es que tengas fe, perseverancia, y poder:

Padre Dios,

Yo vengo en contra de toda distracción demoníaca que intente obstaculizar, para que tu revelación no le llegue a la persona que está leyendo este libro. Oro para que aún desde este momento su vida comience a cambiar. Que Tu pueblo obtenga un mayor conocimiento de Tu poder, y que su fe pueda crecer. Oro para que abras su espíritu y que los dirijas hacia Ti, y que ellos puedan comenzar a ver la manifestación de Tu Palabra en acción. Señor, cúbrelos y dales una mayor revelación del poder de la oración. Úngelos con poder, no solo para ellos mismos, sino también para otros alrededor de ellos, para que puedan poner manos en los enfermos y que los vean sanar, que reprendan al diablo y que traigan liberación a los oprimidos, y que proclamen el Evangelio para la salvación de muchas almas. Que la unción de Tu Espíritu Santo sea "contagiosa" para todos aquellos que entren en contacto con Tu pueblo, desde este momento en adelante. En el Nombre de Jesús, amén.

—*George G. Bloomer*

tu PAlabra tiEeve
Poder
asi SEa
Es

yo MariaAljcia G.Z.
IV el poderoso nOmbred, JesuS
Resivo Su Bendición amen.

Capítulo 1

¿ACASO DIOS REALMENTE ESTÁ ESCUCHANDO?

Alguna vez has llegado a sentir como que Dios no está escuchando? ¿Acaso parece que tus oraciones no han sido contestadas? Muchos cristianos que están buscando una relación más profunda con Dios, así como un servicio más efectivo para Él, están batallando en secreto con una lucha entre su fe en Dios, y la incertidumbre de que Dios vaya a contestar sus oraciones. Luchamos con nuestra propia naturaleza pecaminosa, contra los ataques del diablo, y contra los problemas que se nos presentan en la vida. Si continuamente esperamos ver resultados físicos, tan pronto como nos hemos levantado de nuestras rodillas, después de haber estado orando, la tendencia a dudar de Dios se puede convertir en un hábito recurrente. Pero podemos ser motivados, al saber que aunque no veamos visiblemente a Dios obrando, Él está contestando activamente nuestras peticiones en el mundo espiritual.

El tiempo y la distancia no son contendientes para el Dios Todopoderoso. Algunas de las oraciones que hiciste años atrás, apenas están comenzando a manifestarse.

Pero, amados, no ignoréis esto: que para el Señor un día es como mil años, y mil años como un día. El Señor no se tarda en cumplir su promesa, según algunos entienden la tardanza, sino que es paciente para con vosotros, no queriendo que nadie perezca, sino que todos vengan al arrepentimiento.

(2ª Pedro 3:8–9)

UN DESCUBRIMIENTO ASOMBROSO

Existe un mundo más allá de lo que podemos ver con nuestros ojos físicamente. Y existen actividades espirituales que se realizan en el medio ambiente terrenal, que son completamente invisibles para aquellos que solo viven en el medio ambiente finito del mundo de la humanidad. Hace algunos años, yo estaba alabando al Señor, mientras hacía mis negocios del día, cuando de repente, el Señor me habló y me dijo, "Comienza a orar". Yo comencé a orar en el Espíritu Santo. Le pregunté a Dios, "¿Señor, qué es esto?" y seguí orando. Una visión se me apareció enfrente de mis ojos y vi un avión circulando sobre el océano. Yo observé y dije, "¡Oh Dios mío! Algo está mal con ese avión". Yo no entendía nada de esto. Yo solo oré y oré por casi cuatro horas, y entonces, la visión se fue. Yo seguí haciendo mis tareas rutinarias del día, y entonces, mis hijos llegaron de regreso de la escuela. Después de ese incidente, de vez en cuando, me acordaba de esa oración, así que terminé por escribir todo aquello.

Pasaron varios años, y eventualmente, nos cambiamos a otro estado. Ahí, yo pude conocer a una muy amada amiga mía, y acostumbrábamos platicar de nuestras experiencias con Dios, y pasábamos buen tiempo en la presencia del Señor. Yo llegué a compartir con ella lo siguiente, "En una ocasión, tuve una visión, pero nunca obtuve ninguna respuesta o revelación acerca de su significado. Nunca llegué a escuchar nada de esto en las noticias de la televisión o en ningún otro medio, pero en la visión yo vi un avión que circulaba sobre el océano, y yo sé que ese avión se encontraba en peligro".

De repente, mi amiga se miro completamente perpleja. "¿Qué es lo que tú acabas de decir?" ella siguió preguntando. Así que le conté nuevamente y ella dijo, "yo estaba en ese avión".

Aún cuando no vemos a Dios obrando visiblemente, Él está contestando nuestras peticiones en el medio ambiente espiritual.

"¿Qué es lo que tú quieres decir con eso?" le pregunté.

"Mi marido estaba en el ejercito. Estábamos estacionados en una base militar en el extranjero, y yo tenía que volar en este avión con uno de nuestros hijos, y veníamos de regreso a los Estados Unidos. Durante el vuelo, el piloto nos dijo que tenía problemas con el avión, y que teníamos que volar en círculo sobre el océano, porque no podíamos aterrizar, sino hasta que nos dieran la autorización para hacerlo. Esto continuó hasta que finalmente nos dieron el permiso para aterrizar, y nos pudimos bajar del avión, pero nunca supimos en que tanto peligro nos encontrábamos realmente. Más adelante nos dijeron que de hecho, había una bomba dentro del avión. Cuando finalmente pudieron encontrarla, dentro de una de las maletas, la echaron sobre el mar, arrojando la maleta con la bomba que estaba dentro, y la bomba explotó al contacto con el agua. Yo sentía tanto miedo cuando estábamos en ese avión, y le estaba pidiendo a Dios que salvara mi vida".

Yo respondí, "Esto sucedió hace veinte años, y aunque yo vivía en el estado de Michigan, mientras que tú estabas volando desde Arabia Saudita, Dios nos conectó a orar, debido a que tú clamaste al Señor en oración. Dios vio un intercesor que estaba orando, y debido a eso, no solo se salvó tu vida, sino la vida de todos los que viajaban en ese avión".

> *Lo que el diablo quería hacer para mal, Dios lo convirtió en algo, para la gloria de Dios.*

"Sí" ella contestó, "era un avión que estaba completamente lleno de pasajeros".

Todo lo que yo pude decir fue, "¡Servimos a un Dios tan maravilloso!" Solo Dios podía escuchar—y contestar—las oraciones de Su sierva. Lo que el diablo quería hacer para mal, Dios lo convirtió en algo para la gloria de Dios.

Este es el mismo Dios a quien tú estás sirviendo. Debes pensar en Él como el Gran Médico. Él ya ha diagnosticado tu enfermedad, y ya te ha recetado la cura para todas tus preocupaciones y para todas tus necesidades. Lo único que Él pide de ti, es que a cambio, tú confíes en Él y sigas Sus instrucciones.

En el mundo físico, cuando tu médico de cabecera te receta algún medicamento para alguna enfermedad, muchas veces, tú no sabes cuales son los ingredientes de la medicina que estás tomando. Sin embargo, tú confías en la pericia del médico, y te tomas la dosis del medicamento, tal y como te lo indicó el doctor. Tú estás creyendo que vas a ser sanado, o por lo menos, aliviado de tus malestares. Tal vez, no sientas los efectos de inmediato, pero tú sabes que a medida que continúes tomando tu medicina de acuerdo a las instrucciones del doctor, tu cuerpo eventualmente va a comenzar a responder, y se va a sanar.

Cuando ejercitas la misma paciencia y la misma diligencia en las cosas de Dios, de todas formas, algunas veces parece ser mucho más difícil. ¿Por qué parece ser mucho más fácil poder confiar en los médicos humanos, pero parece ser mucho más difícil poder confiar en el Sanador del mundo—nuestro Señor y Salvador—y esto hace que dudemos de Él continuamente?

RAZONES POR LAS CUALES PARECE QUE NUESTRAS ORACIONES NO SON CONTESTADAS

El tiempo correcto no ha llegado todavía

Una razón por la que nuestras oraciones parecen no ser contestadas, es que el tiempo no ha llegado todavía para que Dios revele la completa manifestación de la respuesta a nuestra oración. Algunas oraciones son contestadas más rápidamente que otras. Dios no comete equivocaciones, ni en Su tiempo, ni en Su respuesta: *"Hay un tiempo señalado para todo, y hay un tiempo para cada suceso bajo el cielo"* (Eclesiastés 3:1). Existe un tiempo y una temporada para todo—Dios ha señalado el tiempo adecuado. Un aparente retraso en la respuesta de una oración no indica que Él no nos ha oído, o que Él no nos haya respondido. Podemos reposar, estando seguros que Él ha escuchado cada palabra que hemos orado. Pero Él no está presionado a "apresurarse", y a mostrarnos una señal, a fin de que pueda probar Su presencia y Su poder para actuar a favor nuestro. Sólo tenemos que confiar en Él, y saber que cuando oramos de acuerdo a Su voluntad, aquello que ya ha sido completado en el medio ambiente invisible, será manifestado también en la tierra.

Aunque la "visión" alguna vez se tarda, tú debes esperar, porque, en el tiempo fijado para ello, con toda seguridad se realizará. (Favor de ver Habacuc 2:3). En otras palabras, las cosas que Dios te ha mostrado, las cosas que Él ha prometido, y todas las cosas ordenadas por Él, seguramente se realizarán.

Interferencia Demoníaca

Sólo debido a que no vemos la manifestación física de nuestras oraciones en acción, esto no significa que Dios no ha contestado. Un ejemplo clásico de esta verdad se encuentra revelado en el libro de Daniel. Daniel estaba orando humildemente a Dios durante tres semanas, buscando entendimiento y guía acerca de una visión que le había ha sido dada, con relación al futuro de los israelitas. Su respuesta vino después de esas tres semanas, y el ángel que le trajo la respuesta, explicó que las oraciones de Daniel habían sido escuchadas desde el primer día que él comenzó a orar. El ángel también dijo que había sido enviado como respuesta a las oraciones de Daniel, pero que había sido obstaculizado y detenido mientras peleaba en contra de fuerzas demoníacas que lo estaban resistiendo. (Favor de ver Daniel 10: 1–14).

Por lo tanto, tal vez no recibamos una respuesta inmediata a nuestras oraciones, debido a la resistencia demoníaca, y vamos a tener que seguir orando, y tal vez tengamos que involucrarnos en una guerra

Lo que Dios ha prometido y ordenado se va a realizar.

espiritual, antes de que podamos ver la respuesta. A medida que tú oras e intercedes, vas a recibir la victoria. No hay demonio o principado del infierno que pueda detener el propósito de Dios, para que éste se cumpla.

Yo recuerdo que una mañana me levanté muy temprano y estaba muy despierta y dispuesta para interceder por una de mis hermanas que vivía en Oklahoma en ese tiempo. De nuevo, esto pasó hace años cuando mis hijos estaban muy pequeños, así que después se recogerlos de la escuela, me fui a orar y estaba apretando mi estómago, y estaba orando como una mujer que va a tener un bebé, y me mantuve orando de esta manera por horas y horas. Aunque el teléfono sonaba o alguien tocaba a la puerta, yo no permitía que nada ni nadie me distrajera. Yo me mantuve luchando y orando por ella en el Señor. Me había decidido que nada ni nadie me iba a impedir seguir intercediendo hasta que recibiera la victoria.

Subí a la parte de arriba de las escaleras y me senté. Puse mis manos sobre mis ojos, bajé mi cabeza y dije, "Dios, mi hermana necesita oración desesperadamente". De repente, tuve una visión. Yo vi su hogar, y dentro de él, yo pude ver algo como una cobija grande muy gruesa, negra, que flotaba sobre su recámara, y que la cubría a ella y a su marido. A medida que continué viendo esto, esta cosa comenzó a descender sobre ellos, y trató de ahogarlos. De repente, vi que unos ángeles entraron en ese cuarto blandiendo espadas, y fuego salía de sus espadas. Los ángeles comenzaron a remover esa sombra oscura y la desintegraron. Los ángeles estaban alabando al Señor. Yo sentí mucho alivio por haber hecho esa oración. Más tarde, ella pudo compartir conmigo, que había sentido como si algo quería ahogarlos hasta matarlos. Dios me había usado para orar en contra de este ataque demoníaco.

Oraciones concebidas en enfermedad

Algunas oraciones no son contestadas, en el sentido de que no recibimos aquello específico que hemos pedido. Sin embargo, esto no significa que Dios no nos ha escuchado, ni que el Espíritu Santo no esté intercediendo a nuestro favor. (Favor de ver Romanos 8:26). Cuando tú oras, pensando que Dios va a ser glorificado en tu vida, tú le das gracias a Él, porque Dios te cuida tanto, que no contesta esas oraciones de inmediato, porque a largo plazo, esto sería dañino para ti. En forma muy generosa, Dios sólo contesta las oraciones que promueven nuestro bien, y no aquellas que promueven nuestro daño.

Orar sin esperar nada

Otra razón por la cual, la respuesta de la oración tal vez no se vea, es que, tú continúas orando sin esperar realmente recibir la respuesta. Eventualmente tú estás desarrollando la duda, y una falta de fe, que bloquea las respuestas a sus oraciones.

> *Y sin fe es imposible agradar a Dios; porque es necesario que el que se acerca a Dios crea que El existe, y que es remunerador de los que le buscan.* (Hebreos 1:6)

A Dios le preocupa que nuestras necesidades sean suplidas, y Él se regocija cuando ejercitamos nuestra fe en Él, por medio de la oración. En Mateo capítulo 7, el Señor nos recuerda que cuando Lo buscamos diligentemente, Él nunca nos ignora, si no que nos da los deseos de nuestro corazón, de acuerdo a Su perfecta voluntad.

> *Pedid, y se os dará; buscad, y hallaréis; llamad, y se os abrirá. Porque todo el que pide, recibe; y el que busca, halla; y al que llama, se le abrirá. ¿O qué hombre hay entre vosotros que si su hijo le pide pan, le dará una piedra, o si le pide un pescado, le dará una serpiente? Pues si vosotros, siendo malos, sabéis dar buenas dádivas a vuestros hijos, ¿cuánto más vuestro Padre que está en los cielos dará cosas buenas a los que le piden?* (Mateo 7:7–11)

He aprendido que cuando yo busco al Señor, Él me contesta. Tal vez Él me conteste en una voz delicada y tenue. (Favor de ver 1ª de Reyes 19:11–12). Tal vez Él me muestre una visión, o tal vez yo reciba una llamada telefónica, y ahí se encuentre la respuesta de Dios a través de uno de sus escogidos, y todo esto se debe a que uno está esperando recibir algo de Dios. *"Ahora bien, la fe es la certeza de lo que se espera, la convicción de lo que no se ve"* (Hebreos 11:1). Si tú no estás recibiendo nada en este momento, esto tal vez se debe a que tú has dejado de pedir—o a que has dejado de creer.

LA FE DEBE GUIAR EL CAMINO

Él conductor entre la oración y la manifestación es la *fe*. Cuando parece que Dios no está escuchando, la fe debe guiar el camino, hasta en tanto la manifestación de aquello por lo cual se ha estado orando se vuelve una realidad visible. Esta es la razón por la cual, el diablo juega trucos con nuestra mente, para hacernos pensar que a Dios no le importa: satanás quiere que nos molestemos tanto, y que nos frustremos hasta el punto en que comencemos a dudar del Señor. El resultado de nuestra duda, es que muy frecuentemente tratamos de automedicar nuestras heridas espirituales con alternativas terrenales, tales como el escapismo o tomar acciones por impulso, las cuales desafortunadamente, van a dirigirnos a remedios temporales, pero con resultados desastrosos a largo plazo.

Pero Mateo 6:8 nos recuerda, *"Porque vuestro Padre sabe lo que necesitáis antes que vosotros le pidáis"*. Sin lugar a dudas, Dios está escuchando. Si Dios conoce cuáles son tus necesidades aún antes que tú Se las pidas, entonces, seguramente Él escucha tanto los pensamientos internos, como aquellos que tú externas a través de la oración. Tú necesitas discernimiento espiritual y fe, para poder creer que Él va a manifestar tu respuesta en el mundo natural.

Jesús hizo las obras de Dios en forma consistente, y Él dijo algo muy asombroso en Juan 14:12–14:

> *En verdad, en verdad os digo: el que cree en mí, las obras que yo hago, él las hará también; y aun mayores que éstas hará, porque yo voy al Padre. Y todo lo que pidáis en mi nombre, lo haré, para que el Padre sea glorificado en el Hijo. Si me pedís algo en mi nombre, yo lo haré.* (Juan 14:12–14)

La función de la fe es transferirnos de la forma de pensar humana, a una forma de pensar espiritual, para que ya no pensemos o actuemos basados en nuestras limitaciones físicas. Al contrario, llevamos a cabo tareas que parecen imposibles, a medida que somos guiados por el Espíritu de Dios. Dios no puede esperar para contestar tus oraciones. Muchos de nosotros hemos orado las palabras que referimos anteriormente de Jesús, las cuales nos han sido recitadas en numerosas ocasiones, pero ahora, verdaderamente debemos recibirlas y aplicarlas en nuestra vida.

¿Cuál es el requisito para experimentar las manifestaciones divinas de Dios? Creer en Cristo Jesús.

¿Qué les sucede a aquellos que creen? Las obras que Jesús hizo tú las vas a poder hacer también.

Debido a que Jesús regresó a Dios, nuestro Padre Celestial, y nos dio el don de la habitación y de la impartición del poder del Espíritu Santo, nosotros que creemos, vamos a continuar llevando a cabo Su misión. Vamos a hacer obras más grandes en el nombre de Jesús, para la gloria de Dios Padre.

Todo lo que tú pidas en el nombre de Jesús, el Señor lo va a cumplir de acuerdo a Su voluntad. Jesús ama el hecho de que clamemos Su Nombre para que responda a nuestras peticiones. El recibe esto como un acto de adoración, y como si estuviéramos diciendo, "Señor, Tú eres Soberano, y sólo Tú puedes suplir mis necesidades. Yo creo en Ti, y tengo la seguridad de que Tú estás contestando mis oraciones, de una manera como sólo Tú puedes hacerlo". Jesús repitió el deseo que tiene, de que usemos la autoridad de su Nombre en la oración: *"Si me pedís algo en mi nombre, yo lo haré"* (Juan 14:14).

> *¿Te puedes imaginar lo que podría suceder, si realmente creyéramos en la Palabra de Dios sin titubear?*

¿Te puedes imaginar lo que nos sucedería si realmente creemos a la Palabra de Dios sin titubear? Aumentarían los milagros en nuestras iglesias; más de nosotros pondríamos manos en los enfermos y los veríamos sanar; la gente comenzaría a tomar el cristianismo en forma seria; y aun aquéllos que nos odian no podrían ser capaces de negar la unción que estaría reinando en nuestra vida.

Este es el tipo de fe que tenía David, aún mucho antes de que él se convirtiera en el rey de Israel. El nunca huyó de los retos. Muy frecuentemente David se metió en problemas con sus ancianos, por el hecho de confrontar problemas que eran mucho más grandes que él, pero mucho más pequeños que el Dios a quien él servía. A pesar de la crítica constante, David nunca dudó de su fe, cada vez que él tuvo que confrontar la adversidad.

En 1ª de Samuel 17, David confrontó al gigante filisteo Goliat, a quien aún los ejércitos de Israel temían. David era solo un muchacho en este momento. Pero cuando fue reprendido por su hermano mayor Eliab, David no quiso aceptar el riesgo que estaba asociado con este tipo de reto. Al contrario, él insistió, *"Pero David respondió: ¿Qué he hecho yo ahora? ¿No fue sólo una pregunta?"* (1ª Samuel 17:29). En otras palabras, David demanda conocer la naturaleza del problema que su hermano tenía con él. Su manera de pensar era, *existe una causa que necesita ser llevada a cabo, y no hay nadie más que se ofreciera como voluntario para enfrentar a este filisteo, y por lo tanto, ¿por qué no podría yo ir ahí, y hacerme cargo de él?*

A pesar de su pequeña estatura, David tenía fe en Dios. Su fe era tan grande, que él se ofendió por el hecho de que hubiera alguien que tuviera la audacia de venir en contra de los siervos de Dios:

¿Quién es este filisteo incircunciso para desa-
fiar a los escuadrones del Dios viviente?
(1ª Samuel 17:26)

Muy frecuentemente, cuando pasamos en medio de batallas espirituales, nuestro enojo es dirigido en forma equivocada, y en lugar de eno-jarnos en contra de Dios por las circunstancias que enfrentamos, deberíamos ser como David, y dirigir ese enojo en contra de los enemigos de Dios, por medio derrotar al diablo con la Palabra de Dios. David fue capaz de tener fe en Dios, debido a que él pasaba mucho tiempo con Dios en adoración y en meditación de la Palabra de Dios. Como respuesta a esto, el Señor ya le había revelado y probado a David, el poder que él poseía a través de su fe en Dios.

Por lo tanto, por medio de Dios, David tenía el poder para vencer obstáculos que eran mucho más grandes que él. Cuando el rey Saúl trajo a la atención de David que el era sólo un siervo, y que el filisteo había sido *"un hombre de guerra desde su juventud"* (1ª Samuel 17:33), David simplemente respondió,

Y David añadió: El Señor, que me ha librado
de las garras del león y de las garras del
oso, me librará de la mano de este filisteo.
Y Saúl dijo a David: Ve, y que el Señor sea
contigo. (1ª Samuel 17:37)

Nadie—ni siquiera al rey mismo—podía disua-dir a David para que dejara de operar bajo el poder de Dios.

Cuando tú te encuentras poseído con el poder de lo alto, y tú lo sabes, no existe nada que nadie pueda decir o hacer, para convencerte que de que dudes de Dios. Tú no te metes a la oración sólo con un pensamiento esperanzador, sino con una gran expectativa. Tú entiendes que aunque las cosas en lo natural se miren imposibles de derrotar, Dios no tiene límite en Su poder y en Su fortaleza. Teniéndolo a Él de tu lado, tú ya no estás operando en tus propias fuerzas, sino en Su poder.

> *"No por el poder ni por la fuerza, sino por mi Espíritu"—dice el Señor de los ejércitos.*
>
> (Zacarías 4:6)

¡NO TE DESANIMES!

Todos pasamos a través de etapas, donde cuestionamos si Dios se va a mostrar o cómo se va a mostrar a favor nuestro, para derrotar a esos gigantes que nos confrontan en la vida. Pero 2ª Corintios 4 nos da la esperanza que necesitamos para continuar perseverando:

> *Por tanto no desfallecemos, antes bien, aunque nuestro hombre exterior va decayendo, sin embargo nuestro hombre interior se renueva de día en día. Pues esta aflicción leve y pasajera nos produce un eterno peso de gloria que sobrepasa toda comparación, al no poner nuestra vista en las cosas que se ven, sino en las que no se ven; porque las cosas que se ven son temporales, pero las que no se ven son eternas.*
>
> (2ª Corintios 4:16–18)

Este pasaje nos dice...

• No te desanimes.

• A pesar de cómo se miren las cosas en lo exterior, nuestra fuerza se renueva interiormente a través de Dios.

• Las cosas que confrontamos no son tan grandes como parecen, porque siempre existe una perspectiva mucho más grande dentro de nuestra esperanza.

• No te enfoques tanto en lo que sucede en el medio ambiente natural. Lo que realmente cuenta es lo que está sucediendo en el medio ambiente espiritual.

• Las cosas que podemos ver (nuestras circunstancias) son temporales, pero las cosas que no podemos ver (Dios orando a nuestro favor y transformándonos a la imagen del Señor Cristo Jesús) están asegurando nuestra eternidad en la gloria.

Siempre es muy desmoralizante ver a alguien que de repente se rinde, cuando él o ella estaban tan cerca de recibir su milagro. Aún cuando tú estés débil, y tal vez te sientes como si existiera un abismo entre tú y Dios, el Señor te seguirá dando todo lo que necesitas para que sigas perseverando en Dios. Para aquellas personas débiles que confían en Dios, Él les da poder. A aquellas personas que sienten que ya no tienen fuerza alguna, Dios continúa aumentando su fuerza. (Favor de ver Isaías 40:29). Dios ama cuando le hablamos, y cuando nos acercamos a Él, pidiéndole fuerzas. Cada vez que nos sentimos débiles, Dios quiere que pongamos a Sus pies todo aquello que nos está molestando. *"Echando toda vuestra ansiedad sobre El, porque El tiene cuidado de vosotros"* (1ª Pedro 5:7). Tú debes dedicar tiempo de calidad con Dios, y ponerlo en primer lugar antes de cualquier otra cosa. Si tú pones a Dios en primer lugar, Él te llenará.

A pesar de lo que esté sucediendo alrededor de ti, nunca te rindas en buscar a Dios, porque Él nunca se rinde y nunca te abandona. *"Sea vuestro carácter sin avaricia, contentos con lo que tenéis, porque El mismo ha dicho: Nunca te dejaré ni te desampararé"* (Hebreos 13:5). Espero en Dios, que muy pronto tú vas a poseer el poder para poder volar por encima de cualquier obstáculo, que te haya impedido levantarte de lleno, en el llamamiento de Dios—el llamamiento que Él te ha confiado, para que lo lleves a cabo de acuerdo a Su voluntad.

> *Dios ama cuando Le hablamos, y cuando Le pedimos fuerzas, cada vez que nos sentimos débiles.*

> *Pero los que esperan en el Señor renovarán sus fuerzas; se remontarán con alas como las águilas, correrán y no se cansarán, caminarán y no se fatigarán.* (Isaías 40:31)

EXPERIENCIAS MILAGROSAS EN ORACIÓN CON DIOS

Ya es tiempo para que los hombres, las mujeres, los niños y las niñas, volteen de nuevo a Dios y comiencen a orar. He tenido muchas experiencias milagrosas en Dios a través de la oración, y Él ha probado Su amor por mí, una y otra vez. El hecho de hablar con el Padre Celestial, y de reposar en Él en busca de guía, ayuda a edificar una relación mucho más fuerte con Él. Además de esto, no solamente te va a dar visión espiritual interior para tus propias pruebas, sino que también te va a ungir por medio de la oración, para interceder por otras personas.

Existen tantos beneficios tan maravillosos en el hecho de poder hablar con nuestro Padre Celestial. He aprendido que todo aquello que Dios nos revela, es muy importante, y tiene un propósito. Como sierva del Señor, mi llamamiento consiste en visiones y revelaciones. El hecho de buscar a Dios en oración, ha traído estas manifestaciones espirituales a mi vida. Muy frecuentemente, me levanto muy temprano por la mañana para buscar Su rostro, y lo hago con la expectativa de ser usada como instrumento Suyo, para bendecir a otros y para esparcir Su evangelio.

Quiero animarte, y quiero edificar tu fe, por medio de compartir algunas experiencias asombrosas que he tenido con Dios, a través de visiones y del poder de la oración. Me entusiasmo bastante cuando comparto con otros la importancia de la oración, porque el hecho de hablar con Dios y poder escucharlo, ha transformado mi vida.

Un tipo de visión que tiene un especial significado para mí, es una en la cual he visto rayos de luz. Estos rayos de luz eran pequeños en el fondo pero se expandieron a medida que llegaron a los cielos.

Me di cuenta que lo que parecían ser luces brillantes, de hecho, eran las oraciones de la gente, y eran muy hermosas. Los ángeles contaban las palabras de estas oraciones y las ponían en rollos, colocando estos rollos en áreas específicas de los cielos. Algunas veces pude ver oraciones que se veían cómo miles de hojas de papel, que amontonadas, tenían la estatura de un monumento muy alto. Dios me dijo que eran un monumento en memoria de los intercesores de la tierra que estaban orando con corazones puros.

De nuevo, el diablo quiere llenarte con frustración y con enojo con relación a las circunstancias en tu vida, para que de esta manera, no sólo descuides de orar por ti mismo, sino que también rehúses orar por otras personas. El quiere evitar que busques a Dios para tus respuestas. Yo creo realmente que si la gente volteara a Dios, muchas de las situaciones de este mundo, serían forzadas a cambiar. Dios tiene todo lo que necesitamos, y Él está preparado para bendecirnos abundantemente, cuando lo ponemos a Él en primer lugar.

Dios quiere que edifiques experiencias positivas con Él, a través de la oración.

PERMITIENDO QUE DIOS TOME EL CONTROL

Tú tal vez sientas que has atravesado por tantos sufrimientos y problemas, que estás a punto de la derrota total, pero no te rindas en cuanto a buscar a Dios. Él te va a consolar, a medida que te guía y que te saca fuera de los espinos y de las trampas del diablo. Dios te va a llevar de la mano en medio de las tormentas. Él nunca ha fallado, y El nunca nos abandona. Dios quiere que comiences a tener experiencias positivas con Él, y que venzas todas aquellas cosas en tu vida que te han estado obstaculizando. Tal vez estás experimentando pruebas, tristezas, abandono, incertidumbre, confusión, o dudas. Tal vez tú has tenido ciertos hábitos que te gustaría poder vencer, tales como, drogadicción, alcoholismo, decir malas palabras, ansiedad, enojo, o chisme. ¡Nuestro Dios todopoderoso te puede ayudar a vencer todas estas cosas y mucho más! Sólo tienes que hablar con Él y pedírselo. El tiene poder más allá de cualquier otro poder en la tierra para liberarte, si tú clamas Su Nombre.

El Salmo 145 expresa el amor que Dios tiene para nosotros:

> *Justo es el Señor en todos sus caminos, y bondadoso en todos sus hechos. El Señor está cerca de todos los que le invocan, de todos los que le invocan en verdad. Cumplirá el deseo de los que le temen, también escuchará su clamor y los salvará.*
>
> (Salmo 145:17–19)

El Señor es justo y lleno de gracia *"en todas Sus obras"* (versículo 17). Él obra en maneras que son *"mucho más abundantemente de lo que pedimos o entendemos, según el poder que obra en nosotros"* (Efesios 3:20). El escucha y contesta. Cuando tú volteas a Dios humildemente como lo haría niño pequeño (favor de ver Mateo 18:3), tú vas a atraer Sus bendiciones. Él te va a capacitar para que crezcas y madurez en Él, a medida que tú Lo buscas en oración. Esta es la razón por la cual el diablo usa todo tipo de distracciones que son posibles, para mantenernos alejados de buscar a Dios.

Si tú te encuentras lejos de Dios, o has estado desanimado, voltea otra vez a Él, porque Él sólo se encuentra a una oración de distancia. Tal vez no sepas cómo orar, o tal vez no entiendas todo acerca de la oración, pero está bien. Tú vas a aprender. Mientras tanto, derrama tu corazón ante Dios, y dale tu vida completamente a Él, buscando Su dirección y Su protección.

Por supuesto, es vital que primeramente tú nazcas de nuevo. Pide a Jesús que entre en tu corazón, que perdone todos tus pecados, que te limpie en Su sangre, y que salve tu alma. Comparte todo tu corazón con Él. Tú puedes decir, "Señor Jesús, aquí me encuentro el día de hoy. He cometido errores y he pecado. Por favor perdóname a través del sacrificio que hizo Cristo Jesús por mí. Yo sé que Tú estás aquí para ayudarme y para hacer que yo pueda vencerlo todo. Yo se que a medida que me acerqué a Ti, y reciba Tu fortaleza, todas estas cosas se van a ir de mi vida, y ya no voy a volver a hacerlas jamás".

Eso es todo lo que Dios quiere—una comunicación honesta y sincera. No dejes de orar a Dios, sólo porque has cometido un error. A medida que tú volteas a Él, y Él te fortalece continuamente,

eventualmente, Él te va a convertir en un vencedor.

Cuando tú invitas al Señor Cristo Jesús a que
entre a tu vida, tú comienzas a cambiar por el poder
de Su presencia. Tú comienzas a sentir la presencia
de tu futura residencia—que es el cielo. Tú no tienes que esperar hasta que tú llegues al cielo, para
experimentar Su tranquilidad; tú puedes tener la
paz del cielo ahora mismo aquí en la tierra. (Favor
de ver Juan 14:27).

Puertas abiertas para experiencias inolvidables

La oración es un abridor de puertas. Si sólo
podemos creer en la Palabra de Dios sin titubear,
vamos a poder experimentar el cumplimiento de
muchas de nuestras esperanzas y sueños. Si sólo
podemos dar el paso y comenzar a hablar con Dios,
no sólo cuando nos encontramos en problemas, sino
también con el propósito de mantener una comunión continúa con Él, entonces, nuestra fe va a ser
fortalecida, y no vamos a ser movidos fácilmente por
ninguna intimidación o engaño del diablo.

La única manera de poder ver el tipo de cambio positivo que muchos de nosotros necesitamos
en nuestras vidas, es por medio de edificar una
vida de oración muy fuerte. Yo creo que a medida
que volteemos a Dios, y comencemos a orar a Él
como nunca antes, Dios nos va a enviar una mayor
bendición desde el cielo. El va a liberar a nuestros
hijos de las drogas, va a reparar nuestras familias,
y va a intervenir por nosotros, porque Él es nuestro

Dios, y Él nos ama. Yo oro para que Dios use este libro, y que sirva para ayudar a millones de gentes, para que puedan vencer ataduras, y que se acerquen a Dios, por medio de establecer una relación más profunda con Él, a través de esta comunicación divina.

Capítulo 2

El "como" le pertenece a Dios

C uando hemos orado y hemos estado luchando por un número de años, sin poder ver la manifestación de nuestras oraciones, puede ser algo muy desalentador y desgastante para nuestra fe. Nuestra frustración puede llegar a causarnos que ignoremos a Dios cuando Él se presenta con la respuesta. Como resultado de esto, no recibimos aquella cosa por la cual hemos estado creyendo e incluso hemos rogado a Dios por ella.

Sólo ponte a imaginar esta situación: tú vas a un lote de autos a preguntar acerca del carro de tus sueños. Ahí, en el lote de autos, se encuentra el carro que tú has imaginado y que has esperado por tanto tiempo. Sin titubear, corres al vendedor para ver si calificas para el financiamiento y que puedas comprarlo. De repente, el dueño del lote de autos se te acerca y te da noticias extraordinarias: "En celebración a nuestros 50 aniversario yo te voy a regalar este automóvil. Tú no nos debes ni un centavo. Es todo tuyo. Puedes llevártelo a tu casa hoy mismo". En lugar de regocijarse y darle gracias por el regalo, tú comienzas a discutir con él, rehúsas aceptar el automóvil, y te alejas con las manos vacías.

Tan ridículo como suena este escenario, ésta es la forma como muchos de nosotros tratamos a Dios sin darnos cuenta. En lugar de recibir Sus bendiciones, y en lugar de alabarlo por ellas, prácticamente, nos ponemos a discutir con Dios, acerca de por qué Le tomó tanto tiempo darnos la respuesta, o si acaso el regalo es real "esta vez", o por qué nos lo dio en la forma en que Lo hizo, y muchas otras cosas parecidas a éstas.

PELIGROS DE MAL ENTENDER LA ORACIÓN

En la Biblia, existen gentes que nunca reconocieron a Jesús por quien Él era o que Lo rechazaron. Las siguientes ilustraciones tienen implicaciones para nosotros el día de hoy. La gente pierde las respuestas a sus oraciones, porque ellos siguen fallando en reconocer como Dios está obrando, o porque ellos rechazan las respuestas de Dios, simplemente porque no están llegando en la forma en que ellos las quieren.

Fallar en reconocer la respuesta de Dios

En el comienzo de Su ministerio, mientras que Jesús se preparaba a predicarle a una larga multitud, Él pudo notar dos barcos vacíos. Muy cerca, los pescadores estaban lavando sus redes. Jesús se subió en uno de los barcos, el cual pertenecía a Simón Pedro, y le pidió *"que se separará de la tierra un poco"* (Lucas 5:3).

Todo lo que el Señor hace es por una razón. Muchas veces, las instrucciones que nos ha dado

Dios, no son sólo para nosotros mismos, sino también para bendición de otros. Esta es una razón por la cual es tan importante que nos adhiramos a Sus mandamientos sin preguntar. Jesús le dijo a Pedro que sacara el barco de tierra, y estaba a punto de ocurrir una bendición—la gente que se había juntado podía escuchar las palabras de vida que salían de Jesús, las cuales provenían de Dios. Entonces *"y sentándose, enseñaba a las multitudes desde la barca"* (Lucas 5:3). Parece que cada vez que Jesús se sube a bordo, suceden muchos milagros. Sin embargo, Pedro, por poco permitió que su frustración debida a sus circunstancias naturales, le hiciera perderse la bendición espiritual que Dios tenía preparada para él.

> *Cuando terminó de hablar, dijo a Simón: Sal a la parte más profunda y echad vuestras redes para pescar. Respondiendo Simón, dijo: Maestro, hemos estado trabajando toda la noche y no hemos pescado nada, pero porque tú lo pides, echaré las redes.* (Lucas 5:4–5)

Pedro estaba contradiciendo a Jesús por medio de decirle, de hecho, "Tú quieres que vayamos a pescar, pero nosotros somos unos pescadores muy experimentados. En toda la noche ya hemos estado afuera y no hemos pescado nada. Yo no se la forma en que tu consejo nos va a beneficiar". Tal vez solo para probar su punto, Pedro decidió hacerle caso a Jesús por medio de echar una de las redes. Debes notar que Jesús le había dicho que echara las redes—plural—pero Pedro hecho sólo una red.

Predica de las Redes

Tú tal vez estés diciendo que la fe de Pedro se había hundido hasta el fondo del mar, y que los otros pescadores estaban muy cansados. Después que ellos ya habían comenzado a lavar sus redes, se presenta Jesús, pidiéndoles que echen las redes otra vez hacia el fondo del mar. La solución de Pedro era obedecer sólo una parte del mandamiento de Jesús. Cuando comenzamos a ver a Jesús como una inconveniencia, o cuando le obedecemos sólo con la mitad de nuestro corazón, es entonces cuando comenzamos a perder parte de la "más grande pesca" que la vida tiene para nosotros.

> *Jesús siempre tiene una visión en mente que está "muy por arriba de lo que nosotros podemos pedir o pensar" (Efesios 3:20).*

Y cuando lo hicieron, encerraron una gran cantidad de peces, de modo que sus redes se rompían; entonces hicieron señas a sus compañeros que estaban en la otra barca para que vinieran a ayudarlos. Y vinieron, y llenaron ambas barcas, de tal manera que se hundían. Al ver esto, Simón Pedro cayó a los pies de Jesús, diciendo: ¡Apártate de mí, Señor, pues soy hombre pecador! y lo mismo les sucedió también a Jacobo y a Juan, hijos de Zebedeo, que eran socios de Simón. Y Jesús dijo a Simón: No temas, desde ahora serás pescador de hombres. (Lucas 5:6–8, 10)

Jesús siempre tiene una visión más grande en mente de lo que nosotros podemos ver. Él es *"Poderoso para hacer todo mucho más abundantemente de lo que pedimos o entendemos, según el poder que obra en nosotros"* (Efesios 3:20). Pedro no estaba preparado para recibir la bendición que Jesús quería impartirles. La red física se rompió porque no podía contener la abundancia de las bendiciones de Dios. Sin embargo, a Pedro le fue dada una bendición mucho más grande—un llamamiento sobre su vida que iba a incluir una abundancia de almas entrando al reino de Dios, a medida que Pedro aprendió a obedecer a Jesús, y a vivir de acuerdo a los caminos de Dios.

¿Qué harías tú si Dios te provee la respuesta que tanto has deseado secretamente en forma instantánea? ¿Te pondrías a discutir con Él? ¿Podrías reconocer el hecho de que Él te ha dado tú respuesta? ¿Le darías las gracias y lo alabarías por ello?

Aparentemente, Pedro aprendió de esta experiencia con Jesús. Sin embargo, considera el siguiente relato del libro de Mateo:

Y los discípulos, viéndole andar sobre el mar, se turbaron, y decían: ¡Es un fantasma! Y de miedo, se pusieron a gritar. Pero enseguida Jesús les habló, diciendo: Tened ánimo, soy yo; no temáis. Respondiéndole Pedro, dijo: Señor, si eres tú, mándame que vaya a ti sobre las aguas. Y Él dijo: Ven. Y descendiendo Pedro de la barca, caminó sobre las aguas, y fue hacia Jesús. Pero viendo la fuerza del viento tuvo miedo, y empezando a hundirse gritó, diciendo: ¡Señor, sálvame! Y al instante Jesús, extendiendo la mano, lo sostuvo y le dijo: Hombre de poca fe, ¿por qué dudaste? Cuando ellos subieron a la barca, el viento se calmó. Entonces los que estaban en la barca le adoraron, diciendo: En verdad eres Hijo de Dios.

(Mateo 14:26–33)

La respuesta a nuestras oraciones puede aparecerse en una forma que tú no estás esperando, pero tú nunca debes tener miedo de recibirla. En esta ocasión, el único que tuvo suficiente fe para recibir fue Pedro, que se atrevió a salirse de las reglas a que estaba acostumbrado, para caminar en el agua junto con Jesús. Aún entonces, él comenzó a dudar, cuando vio sus circunstancias naturales, en lugar de ver a Jesús. ¡Debes cobrar ánimo! No tengas miedo de recibir tu milagro de Dios, cuando éste se te presente.

Rechazando la respuesta de Jesús

Algunas gentes reconocen cuando Dios obra en medio de ellas, pero ellos rechazan la bendición de Dios, porque no les gusta la forma en que Dios está obrando.

El obispo Bloomer cuenta acerca de una mañana muy hermosa del domingo, cuando él había sido llamado a predicar en un servicio, donde miles de personas ansiosas, estaban esperando ansiosamente recibir "una palabra" de Dios. Un solista pasó al micrófono a cantar una selección antes de la predicación. El no era un miembro de la Iglesia y ni siquiera un artista cristiano, sino se trataba de un cantante muy famoso de ritmos de blues, quien era muy bien conocido por sus éxitos y por su ritmo. A medida que se acercó al púlpito, él dio un testimonio asombroso del poder de Dios para sanar y para liberar, y entonces le explicó a la multitud que él necesitaba desesperadamente una palabra de Dios.

> *Debemos creer verdaderamente. que Dios sabe lo que está haciendo, y que tiene lo que más nos conviene, planeado en lo profundo de Su corazón.*

A medida que él abrió su boca para cantar, la atmósfera de inmediato comenzó a cambiar. La gente estaba llorando, moviendo sus manos, clamando a Dios en una rendición total. No existía duda acerca de ello; la unción de Dios se había presentado, había tomado control del servicio, y continuaba reposando como una nube muy delicada.

Entonces, los ojos del obispo Bloomer pudieron ver a un grupo de ancianos cristianos que estaban sentados hacia un lado, en medio de todo lo que estaba pasando, y ellos estaban sentados con sus brazos cruzados, como si estuvieran protestando en contra de Dios, por usar a alguien que no encaja ordinariamente en el molde de una persona "digna" de ser usada por Dios. ¿Cómo es que podemos orar a Dios, diciéndole, "Señor, salva las almas, sana a los enfermos", pero cuando Lo hace, comenzamos a quejarnos? Esta indignación de nuestra auto justicia, es una de las trampas escondidas que el diablo usa, para evitar que ganemos almas para Dios. Aún cuando oramos a Dios, no podemos decirle cómo debe contestar nuestras oraciones.

El obispo Bloomer muy frecuentemente le dice a su congregación, "él "como" no es nuestro negocio". En otras palabras, la avenida que Dios usa para traer las respuestas a nuestras oraciones no nos concierne a nosotros. Simplemente, debemos orar y esperar, permitiendo que Dios haga lo que Él hace mejor, que es, contestar nuestras oraciones de acuerdo a Su voluntad divina.

A través de toda la Biblia, la gente que ha dicho conocer a Dios, se ha perdido algunas de sus más grandes bendiciones, porque han rehusado reconocer a Dios, o por qué han rehusado reconocer los caminos de Dios. Vamos a ver dos incidentes que se relacionan con esto, de la vida de Jesús.

Los judíos volvieron a tomar piedras para apedrearle. Jesús les dijo: Os he mostrado muchas obras buenas que son del Padre. ¿Por cuál de ellas me apedreáis? Los judíos le contestaron: No te apedreamos por ninguna obra buena, sino por blasfemia; y porque tú, siendo hombre, te haces Dios.
(Juan 10:31–33)

La reacción que tuvieron en contra del ministerio de Jesús, así como la reacción que tuvieron en contra de Él, pueden ser resumidas en la declaración que hizo el apóstol Juan:

En el mundo estaba, y el mundo fue hecho por medio de El, y el mundo no le conoció.

*A lo suyo vino, y los suyos no le recibieron.
Pero a todos los que le recibieron, les dio
el derecho de llegar a ser hijos de Dios, es
decir, a los que creen en su nombre.*

(Juan 1:10–12)

No intentes "matar" tu bendición cuando se
está presentando. Nunca te permitas poner límites
a Dios, por medio de bajarlo al nivel humano. El es
Dios, y con Él, todas las cosas son posibles. (Favor
de ver Mateo 19:26). Los judíos buscaron apedrear a
Jesús por una supuesta blasfemia cuando, de hecho,
ellos fueron los que blasfemaron en contra de Él.
Ellos incluso, acusaron a Jesús de tener un demonio.
(Favor de ver Juan 10:20). Aquel que había estado
echando fuera demonios, ahora estaba siendo acu-
sado de ser maligno, y de estar siendo poseído. Esta
es la razón por la cual Jesús respondió,

*Si no hago las obras de mi Padre, no me
creáis; pero si las hago, aunque a mí no me
creáis, creed las obras; para que sepáis y
entendáis que el Padre está en mí y yo en el
Padre.* (Juan 10:37–38)

Hoy en día, la gente sigue rechazando a Jesús
y siguen intentando "apedrearlo". Nuestro método
contemporáneo de apedrear a Jesús parece ser a
través de los medios de comunicación. Cualquier
cosa que sugiera remotamente el nombre de Jesús,
de inmediato es atacado muy frecuentemente. Pero
la vida y las obras de Jesús hablan por sí mismas.
¿Cómo es que reaccionamos ante Él? Cada uno de
nosotros somos responsables por nuestra respuesta

a Su obra en nuestra vida. Debemos dejar de "apedrearlo" a través de la duda y de la incredulidad, mientras que Él está intentando bendecirnos con las respuestas que necesitamos.

El segundo incidente de la vida de Jesús tuvo lugar después de Su arresto:

> *Y Jesús compareció delante del gobernador, y éste le interrogó, diciendo: ¿Eres tú el Rey de los judíos? Y Jesús le dijo: Tú lo dices. Y al ser acusado por los principales sacerdotes y los ancianos, nada respondió. Entonces Pilato le dijo: ¿No oyes cuántas cosas testifican contra ti? Y Jesús no le respondió ni a una sola pregunta, por lo que el gobernador estaba muy asombrado.*
> (Mateo 27:11–14)

Tal vez el rechazo más monumental de Jesús se encuentra ilustrado en los diversos incidentes que llevaron a la muerte de Jesús. Los líderes políticos y religiosos que condenaron a Jesús, nunca aceptaron quién era Él realmente. A través de todas estas Escrituras, una cosa queda muy clara: que Jesús nunca discutió. El simplemente declaró los hechos, y siguió haciendo los negocios de Su Padre Celestial.

Debes notar que Él nunca negó quién era, a fin de salvarse a Sí Mismo, pero de la misma forma, Él nunca permitió que la ignorancia de la gente le impidiera poder bendecirlos. Al contrario, fue el rechazo de ellos en contra de Él, el cual en muchas ocasiones hizo que se perdieran Sus bendiciones y Sus obras milagrosas. (Favor de ver Marcos 6:1–6).

Nunca vas a recibir los beneficios de la oración, si constantemente te estás rindiendo en las cosas de Dios. Cuando te rindes en las cosas de Dios, a final de cuentas, te estás rindiendo contra ti mismo. Porque sin Dios, tú te encuentras inútil para suplir las verdaderas necesidades en tu vida, y para pelear en contra de los ataques demoníacos que vienen a atacarte, así como para poder evitar todas las distracciones que están buscando obstaculizar tus oraciones.

¿Estás listo para recibir las respuestas a tus oraciones?

La Palabra de Dios es un alivio hoy en día, tal y como lo ha sido siempre, pero la resistencia que ofrecemos para creer se convierte en un obstáculo para que podamos recibir. Cuando los niños van ante sus padres buscando que les den algo, ellos sólo quieren saber una sola cosa: "¿me lo puedes dar? ¿Sí o no?" Una vez que el padre responde "si", los niños muy rara vez se quedan ahí para seguir preguntando, "¿cómo es que me lo vas a dar?" Ellos están tan emocionados porque el padre ha dicho "sí", que él "como" ya casi no tiene importancia. En un sentido, es la actitud que deberíamos tener con Dios. No debemos menospreciar sus bendiciones, ni actuar como si siempre nos las mereciéramos, pero debemos verdaderamente confiar en Dios, por medio de creer que Él sabe lo que está haciendo, y que Él siempre tiene lo que más nos conviene en Su corazón. A menos que los padres rompan sus promesas continuamente, sus hijos en forma natural, siempre van a tener fe en ellos, creyendo que ellos van a hacer lo que dijeron que harían. Dios es el máximo guardador de Sus promesas:

> *La suma de tu palabra es verdad, y cada una de tus justas ordenanzas es eterna.*
> (Salmo 119:160)

> *Pues su divino poder nos ha concedido todo cuanto concierne a la vida y a la piedad, mediante el verdadero conocimiento de aquel que nos llamó por su gloria y excelencia, por medio de las cuales nos ha concedido sus preciosas y maravillosas promesas, a fin de que por ellas lleguéis a ser partícipes de la naturaleza divina, habiendo escapado de la corrupción que hay en el mundo por causa de la concupiscencia.* (2ª Pedro 1:3–4)

> *Mantengamos firme la profesión de nuestra esperanza sin vacilar, porque fiel es el que prometió;* (Hebreos 10:23)

Si Dios ha dicho que Él va a hacer algo, debemos confiar, y debemos creer que Su Palabra nunca va a fallar.

> *Estando convencido precisamente de esto: que el que comenzó en vosotros la buena obra, la perfeccionará hasta el día de Cristo Jesús.* (Filipenses 1:6)

La confianza no deja lugar para la duda, lo cual significa que no debes titubear, cuando estás creyendo que Dios va a hacer exactamente aquello que Él ha prometido.

Dios no quiere que te desanimes mientras oras. Dios quiere contestar tus peticiones y tu clamor. Sigue teniendo comunión con Él, aprende a conocerlo, y a conocer Sus caminos, obedeciendo Su Palabra, y observa la forma en que El va a obrar en tu vida.

Capítulo 3

BUSCANDO RESPUESTAS EN LOS DIOSES FALSOS

A lgunos cristianos obstruyen inconscientemente el llamamiento que tienen de Dios en su vida, por medio de buscar respuestas a las interrogantes de la vida, a través de las fuentes malignas. No hace mucho tiempo, había un concepto extranjero y no muy popular en los Estados Unidos, acerca de mirar a las gentes, especialmente aquellas asociadas con herencia judío cristiana, buscando su guía a través de las estrellas. Sin embargo, hoy en día, debido a la aceptación masiva de todo lo que tiene que ver con el ocultismo y con lo paranormal, así como las religiones orientales, por medio de los medios de comunicación, mucha gente ha sido convencida de que pueda haber rutas alternativas para llegar a Dios—rutas que violan y que desafían las enseñanzas de Dios.

BUSCANDO "SIGNOS" EN LUGAR DE BUSCAR A DIOS

Una de las prácticas que ha seducido a mucha gente hoy en día—aun a los cristianos—es la práctica de "buscar señales" a través de fenómenos psíquicos, y a través de los "secretos del zodíaco". Desafortunadamente, el diablo ha tenido éxito al convencer a muchos de nosotros, que estas cosas no hacen daño, son divertidas y no obstaculizan nuestra relación con Dios, o incluso, que son compatibles con el cristianismo. El diablo sabe que mientras más cristianos busquen la supuestamente llamada verdad, mientras que están buscando otros recursos que no son Dios, van a seguir siendo alejados, y van a seguir siendo engañados hacia el reino de las tinieblas y hacia las prácticas engañosas. Pero todas estas prácticas ponen en peligro nuestra alma, y encienden la ira de Dios.

Nunca debemos buscar señales a fin de evadir una verdadera relación con nuestro Creador y Padre Celestial. Cuando los fariseos buscaron una señal de Jesús, a fin de probar quién era Él, Él respondió de inmediato, *"Pero respondiendo Él, les dijo: Una generación perversa y adúltera demanda señal, y ninguna señal se le dará, sino la señal de Jonás el profeta"* (Mateo 12:39). Los fariseos estaban más interesados en buscar señales, que en buscar a Dios mismo. Todos ellos estaban corrompidos por su narcisismo, y querían que Dios cooperara con ellos en sus prácticas erróneas.

Una práctica que tiene que ver con buscar señales es el hecho de leer el horóscopo de cada uno. La palabra horóscopo se deriva de las palabras griegas *hora* que significa "hora", y *skopos* que significa "observando—como si se refiriera a adivinar información acerca de un individuo"[2], basado en las

---

[2] Online Etymology Dictionary, http://www.etymonline. com/index.php?search=horoscope (revisado el día Mayo 6, 2008).

interpretaciones de influencias astrológicas y celestiales. De acuerdo a las creencias que se derivan de la astrología, el comportamiento de cada individuo y su personalidad son gobernados por alguno de los 12 signos del zodíaco.

Después de que el obispo Bloomer compartió una enseñanza acerca de la naturaleza pagana de la astrología, mucha gente alrededor de todos los Estados Unidos comenzaron a escribirle, para revelarle que todos ellos se habían involucrado en cosas tales como leer horóscopos y las cartas del tarot, buscando el consejo de psíquicos, experimentando con ritos demoníacos y muchas otras cosas como éstas. Muchos de ellos eran cristianos, que después de haber estado buscando a Dios por un periodo de tiempo, sintieron que no habían recibido respuestas adecuadas de parte de Él. Llegaron a la conclusión de que sus oraciones no eran efectivas, e hicieron la decisión de "buscar a Dios" a través de otros medios alternativos. Aunque algo les indicaba la naturaleza malvada de las actividades en que se habían involucrado, ellos ignoraron este llamamiento en su espíritu, debido a su deseo urgente de obtener un rápido remedio para las pruebas y los retos de la vida.

> *Dios tiene el futuro en Sus manos; si confiamos en Cristo Jesús, nada nos va a separar de Su amor.*

Cuando ellos no escucharon ninguna palabra de Dios, en lo que ellos consideraban el tiempo adecuado, o cuando ellos escucharon una respuesta de Dios, pero que no era la respuesta que ellos querían, algunas de estas gentes hicieron a un lado su espiritualidad, y fueron en busca de otros "dioses". Éste comportamiento lleva a muchos engaños satánicos, de los cuales la gente muchas veces es incapaz de poder escapar.

INVOLUCRÁNDOSE EN ABOMINACIONES

No existe ningún sustituto para la verdadera oración dirigida al Dios Verdadero. Hoy en día, muchos médiums psíquicos, incluso usan el nombre de Dios, pero la Palabra de Dios es muy clara:

> *No sea hallado en ti nadie que haga pasar a su hijo o a su hija por el fuego, ni quien practique adivinación, ni hechicería, o sea agorero, o hechicero, o encantador, o médium, o espiritista, ni quien consulte a los muertos. Porque cualquiera que hace estas cosas es abominable al Señor; y por causa de estas abominaciones el Señor tu Dios expulsará a esas naciones de delante de ti.*
>
> (Deuteronomio 18:10–12)

Ritos demoníacos

Vamos a discutir algunas de las prácticas que el Señor ordenó que no debieran encontrarse entre nosotros. En primer lugar, nadie debe involucrarse en las prácticas abominables de sacrificar un hijo o una hija al diablo o a ningún otro dios falso. Mientras que casi todos los cristianos podrían protestar, diciendo que no tienen nada que ver con este tipo de prácticas tan terribles, Dios no quiere que nos involucremos en ningún rito demoníaco o extraño, que invoqué a los demonios o a los espíritus inmundos. Algunas veces, hay grupos que van a intentar convencerte para que creas que lo que están haciendo es en el nombre de Dios, cuando en realidad no tienen nada que ver con Él. ¡Nunca permitas ser engañado!

Adivinación

En segundo lugar, la adivinación es el rito de tratar de descubrir eventos futuros, por medio de interpretar augurios. Debemos ser muy cuidadosos de no alarmarnos por las circunstancias presentes, ni tener miedo de los eventos futuros, para que no nos involucremos en ningún tipo de adivinación. De nuevo, los fariseos buscaron señales, lo cual es opuesto a buscar a Dios. Esta es la razón por la cual el Señor los reprendió. ¿Por qué buscar respuestas en augurios, cuando servimos a un Dios Omnipotente, que nos da toda la sabiduría y todo el entendimiento? Caundo una persona intenta obtener información concerniente al futuro, a través de medios paganos, está poniendo en peligro su posición espiritual con Dios. Dios es quien sostiene el futuro en Sus manos, y si estamos confiando en Cristo Jesús, nada nos va a separar de Su presencia y de Su amor.

El eterno Dios es tu refugio, y debajo están los brazos eternos. (Deuteronomio 33:27)

*¿Quién nos separará del amor de Cristo? ¿Tribulación, o angustia, o persecución, o hambre, o desnudez, o peligro, o espada? Tal como está escrito: Por causa tuya somos puestos a muerte todo el día; somos considerados como ovejas para el matadero. Pero en todas estas cosas somos más que vencedores por medio de aquel que nos amó. Porque estoy convencido de que ni la muerte, ni la vida, ni ángeles, ni principados, **ni lo presente, ni lo por venir,** ni los poderes, ni lo alto, ni lo profundo, **ni ninguna otra cosa creada nos podrá separar del amor de Dios** que es en Cristo Jesús Señor nuestro.*

(Romanos 8:35–39 se añadió énfasis)

Si Dios sostiene toda la información que tiene que ver con nosotros, entonces, podemos saber qué cosa puede ser para nuestro propio provecho, o si acaso no es el tiempo correcto para recibirlo. Nuestro trabajo consiste en continuar confiando y sirviendo en el Nombre de Jesús.

Jesús les dijo a sus discípulos,

Y El les dijo: No os corresponde a vosotros saber los tiempos ni las épocas que el Padre ha fijado con su propia autoridad; pero recibiréis poder cuando el Espíritu Santo venga sobre vosotros; y me seréis testigos en Jerusalén, en toda Judea y Samaria, y hasta los confines de la tierra.

(Hechos 1:7–8)

Brujería

Los encantadores practican brujería, por medio de echar maleficios, en sus intentos de influenciar los eventos. Algunas gentes no quieren esperar por la voluntad de Dios, ni por el tiempo de Dios, y por lo tanto quieren tomar los asuntos en sus propias manos. Ellos quieren tener las cosas en su control, en lugar de someterse al control de Dios, y buscan su propio camino, algunas veces cayendo en el ocultismo. El profeta Samuel le dijo a Saúl, después de que había desobedecido a Dios,

> *He aquí, el obedecer es mejor que un sacrificio....Porque la rebelión es como pecado de adivinación, y la desobediencia, como iniquidad e idolatría.* (1ª Samuel 15:22–23)

La Biblia nos advierte que el egoísmo y la rebeldía en contra de Dios son iguales a la brujería, y que debemos arrepentirnos de ellos. Debemos mantenernos alejados del arte de la brujería. En su libro *Witchcraft in the Pews* (*Brujería en los Bancos de la Iglesia*), el obispo Bloomer analiza la controversia que existe acerca del tema de la brujería:

> Muchos van a sugerir que la brujería es simplemente la inocente adoración de la naturaleza. Ellos claman que tanto el cristianismo como la brujería sirven a un poder superior, y que no existe una diferencia importante entre ellas.

> Ante esto, estoy en desacuerdo muy fuertemente. Como cristianos, debemos ser

muy claros con relación a la fuente de *poder* que estamos sirviendo.[3]

Como la Palabra de Dios, la Biblia da dirección a los creyentes y a todos aquellos que están buscando una relación genuina con Dios. Debemos examinar lo que la gente nombra como "bueno" o "divino" ante la luz de la Palabra de Dios. Algunas veces, un individuo puede parecer que está diciendo las cosas correctas, mientras que está operando con el espíritu erróneo. Por ejemplo, el siguiente incidente ocurrió cuando el apóstol Pablo y otros creyentes estaban ministrando en Filipos:

> *Y sucedió que mientras íbamos al lugar de oración, nos salió al encuentro una muchacha esclava que tenía espíritu de adivinación, la cual daba grandes ganancias a sus amos, adivinando. Esta, siguiendo a Pablo y a nosotros, gritaba, diciendo: Estos hombres son siervos del Dios Altísimo, quienes os proclaman el camino de salvación. Y esto lo hacía por muchos días.*
>
> (Hechos 16:16–18)

A Pablo no le agradó esta situación, porque él pudo reconocer que aunque la muchacha estaba diciendo algo que era verdadero, ella lo estaba diciendo con el espíritu equivocado y con un propósito maligno. Eventualmente, Pablo se volvió hacia ella y reprendió al espíritu maligno que la estaba controlando: *"¡Te ordeno, en el nombre de Jesucristo,*

---

[3] George G. Bloomer, *Witchcraft in the Pews* (New Kensington, PA: Whitaker House, 2008), 17.

que salgas de ella! Y salió en aquel mismo momento" (Hechos 16:18).

Existen muchos peligros cuando nos ponemos a jugar con las cosas que el Señor ha ordenado que no toquemos. En el libro de Josué, cuando el Señor entregó a la ciudad de Jericó en manos de los hijos de Israel, Él les dio una advertencia: *"Pero en cuanto a vosotros, guardaos ciertamente de las cosas dedicadas al anatema, no sea que las codiciéis y tomando de las cosas del anatema, hagáis maldito el campamento de Israel y traigáis desgracia sobre él"* (Josué 6:18).

> *Debemos examinar lo que la gente proclama como "bueno", a la luz de la Palabra de Dios.*

Cuando tú has hecho un pacto con Dios, y entonces comienzas a tomar cosas y hábitos que están llenos de maldición, esto no sólo afecta tu vida, pero también tiene efectos que son perjudiciales para todos aquellos que están alrededor de ti. El israelita Acán mantuvo *"cosas malditas"* en el campamento, y debido a que él no obedeció la advertencia del Señor, *"y la ira del Señor se encendió contra los hijos de Israel"* (Josué 7:1). Como resultado de esto, cuando ellos fueron a pelear nuevamente en contra de Ai, tuvieron que huir siendo derrotados por completo.

Las oraciones que no han recibido respuesta, no siempre son resultado de pecado y transgresiones, sino que nuestro pecado y nuestra desobediencia, puede motivar la ira de Dios, e impedirnos obtener victoria sobre las batallas continuas que encaramos en esta vida. Sin importar qué tan tentador parezca ser, el hecho de emplear medios alternativos para suplir nuestras necesidades, siempre debemos mantenernos enfocados en Dios, sabiendo que Él es nuestro Único Recurso, y el Único que sostiene todo aquello que necesitamos. Él dice en Isaías, *"Para que se sepa que desde el nacimiento del sol hasta donde se pone, no hay ninguno fuera de mí. Yo soy el Señor, y no hay otro"* (Isaías 45:6).

Dios te va a dar la respuesta acerca de cómo pedir con relación a las necesidades y preocupaciones que estás enfrentando: ya sean enfermedades, crisis familiares, matrimonios destruidos, guía para tus finanzas y para tu carrera profesional, y muchas otras cosas como éstas. El es la respuesta. No hay nadie más además de Él. Su Espíritu Santo no puede ser (conjurado) por medio de ritos paganos, por medio de pagar para recibir Su presencia, o por medio de efectuar transacciones demoníacas que contradicen los mandamientos de Dios.

Simón el hechicero aprendió, a través de la forma más difícil, que el poder de Dios no puede ser comprado ni negociado.

Cuando Simón vio que el Espíritu se daba por la imposición de las manos de los após-toles, les ofreció dinero, diciendo: Dadme también a mí esta autoridad, de manera que todo aquel sobre quien ponga mis manos reciba el Espíritu Santo. Entonces Pedro le dijo: Que tu plata perezca contigo, porque pensaste que podías obtener el don de Dios

> *con dinero. No tienes parte ni suerte en este asunto, porque tu corazón no es recto delante de Dios. Por tanto, arrepiéntete de esta tu maldad, y ruega al Señor que si es posible se te perdone el intento de tu corazón. Porque veo que estás en hiel de amargura y en cadena de iniquidad.* (Hechos 8:18–23)

Simón había estado acostumbrado a hacer que la gente le pagara por su don de poder predecir eventos futuros, pero muy pronto él pudo encontrar que ese aparentemente llamado don (que es el espíritu inmundo que había estado gobernando las hechicerías de Simón), no era nada en comparación con la pureza y el poder del Espíritu de Dios.

Existe un espíritu de error detrás de las predicciones que la gente recibe a través de horóscopos y de ir a los psíquicos y a los adivinos. Mucha gente se siente atraída hacia estas cosas, debido a que parece que tienen la

> *Mantente enfocado en Dios, conociendo que Él es la Única Fuente de Recursos, que sostiene todo lo que tú necesitas.*

habilidad de dar respuestas rápidas a interrogantes complicadas que nos persiguen en la vida. El diablo suele salpicar sólo un poco de verdad en su veneno, a fin de hacer que la gente lo pueda digerir.

El fenómeno psíquico se ha hecho tan común y tan prominente, debido a que muchas gentes están experimentando consuelo en las predicciones demoníacas, que se encuentran disfrazadas como verdad de Dios. Una vez que satanás te seduce a esto, la siguiente etapa es hacer que dependas de su voz en lugar de depender de la guía de Dios. El diablo intentó hacer esto con Jesús, después de que Jesús había ayunado por cuarenta días y cuarenta noches. El quería que Jesús lo escuchara a él y que se inclinara a él en lugar de inclinarse ante el Padre Celestial. (Favor de ver Mateo 4:1–11). El diablo puede usar herramientas muy filosas o muy sutiles a fin de obtener la adoración de las gentes, pero su objetivo permanece igual, y siempre es el mismo: seducirte para que escuches su voz, de la misma manera que lo hizo con Eva en el jardín del Edén. (Favor de ver Génesis 3:1–19).

Los resultados de buscar y creer en dioses falsos

Vamos a resumir los peligros que tiene el hecho de buscar a los psíquicos y a las fuentes de recursos demoníacas para recibir ayuda y dirección.

Ser engañado

En primer lugar, el hecho de ir a buscar a los psíquicos y a las fuentes de recursos demoníacas, da como resultado el ser engañado. Muchos psíquicos y adivinaciones de horóscopos no son ningún tipo de predicciones; no son otra cosa que la habilidad de la raza humana para manipular el psiquis de aquellos que están recibiendo la información. Sin embargo, con Dios, tú siempre vas a saber que lo que estás recibiendo es preciso y exacto. *"Dios no es hombre, para que mienta, ni hijo de hombre, para que se arrepienta"* (Números 23:19). Jesús oro al Padre Celestial por Sus discípulos y por todos aquellos que iban a creer en Él a través del testimonio de ellos. *"Santifícalos en la verdad; tu palabra es verdad"* (Juan 17:17).

Convertirse en un paranoico

El segundo peligro es llegar a vivir una vida paranoica. ¿Alguna vez has podido notar cómo la gente paranoica, muy frecuentemente se ha convertido en ello, después de haber recibido una predicción acerca de su vida? Una joven confesó que todos los días, cuando ella se despertaba, aún antes de poder orar a Dios, ella leía su horóscopo diariamente y dependía en ello para que la dirigiera a través de todo el día. Si declaraba algo como "ten cuidado con tus compañeros de trabajo", ella iba a su trabajo de mal humor, sólo esperando que alguien, cualquiera persona, la tratara en la forma equivocada. Ella se consumió tanto con estas lecturas diarias, que no había espacio en su vida para poder consultar a Dios.

La paranoia es lo opuesto de la paz que Dios nos da.

> *Al de firme propósito guardarás en perfecta paz, porque en ti confía. Confiad en el Señor para siempre, porque en Dios el Señor, tenemos una Roca eterna.* (Isaías 26:3–4)

"La perfecta paz" no implica que tu vida vaya estar libre de problemas y tribulaciones. Al contrario,

significa que tu mente va a ser capaz de permanecer tranquila y libre de opresión, sin importar lo que está sucediendo en tu vida, debido a que tu no estás confiando en tus propias habilidades, sino en la fortaleza del Señor Jesucristo. Cuando experimentas pruebas, tú no te pones de malhumor contra los demás, ni atacas a aquellos que están involucrados en tus problemas. Tú volteas a Dios en busca de soluciones.

Ser seducido hacia las cosas demoníacas

En tercer lugar, cuando tú juegas con las cosas psíquicas y te metes en el ocultismo buscando guía para tu vida, muy fácilmente tú puedes ser seducido a todo el medio ambiente demoníaco. Tú has echado a un lado tu confianza en Dios y te has rendido a fuerzas satánicas que quieren controlarte a ti y toda tu vida. Lo más probable es que vas a ser seducido mucho más, hacia las avenidas falsas, que llevan a una mayor decepción, engaño, y a desconectarte totalmente de Dios. Tal vez en forma inconsciente, estás permitiendo ser influenciado por los seres espirituales malvados, que quieren frustrar tu verdadero potencial en Dios y que quieren destruirte. *"Sed de espíritu sobrio, estad alertas. Vuestro adversario, el diablo, anda al acecho como león rugiente, buscando a quien devorar"* (1ª Pedro 5:8). ¡Tú estás poniendo en peligro tu relación con Dios y tu misma salvación!

> *Cuando experimentes tribulaciones, debes buscar a Dios para la solución.*

Experimentando la ausencia y el enojo de Dios

Finalmente, cuando estás abrazando todo lo demoníaco, esto levanta una pared entre tú y la santa presencia de Dios. Dios todavía te ama, pero eres tú, el que no estás en comunión con Él, y de hecho, te has aliado con las fuerzas de Su enemigo. El involucrarse en las prácticas demoníacas y de ocultismo, a final de cuentas va a traer la ira de Dios en contra de ti, y también esto puede afectar a tus descendientes. Nunca debes involucrarse en nada que pueda robarte a ti, o a tus hijos las bendiciones de Dios, para el día de mañana.

> *No tendrás otros dioses delante de mí....No los adorarás ni los servirás; porque yo, el Señor tu Dios, soy Dios celoso, que castigo la iniquidad de los padres sobre los hijos, y sobre la tercera y la cuarta generación de los que me aborrecen, pero que muestro misericordia a millares, a los que me aman y guardan mis mandamientos.*
> (Deuteronomio 5:7, 9–10)

Nunca debes sustituir la confianza en Dios por medio de mirar y aceptar las ideas de los seres humanos o de los espíritus demoníacos. Tal y como el salmista escribió,

> *¿A quién tengo yo en los cielos, sino a ti? Y fuera de ti, nada deseo en la tierra. Mi carne y mi corazón pueden desfallecer, pero Dios es la fortaleza de mi corazón y mi porción para siempre. Porque he aquí, los que están lejos de ti perecerán; tú has destruido*

a todos los que te son infieles. Mas para mí, estar cerca de Dios es mi bien; en Dios el Señor he puesto mi refugio, para contar todas tus obras. (Salmo 73:25–28)

Capítulo 4

COMUNICÁNDOSE CON EL PADRE CELESTIAL

Una de las mejores maneras para contraatacar la confusión sobre la oración, es dedicar tiempo con Dios, y aprender a discernir Su voz. Hace muchos años, cuando yo era muy joven en el Señor, yo deseaba buscar el consejo de Dios. Recogía a mis hijos de la escuela, leía mi Biblia, y entonces oraba. Primero oraba en inglés, y entonces adoraba a Dios en el Espíritu. Yo recuerdo tan vivamente la forma como ponía mi rostro en el suelo para orar. Todavía sigo haciendo esto. Me meto tan íntimamente con el Espíritu Santo, hablando con el Señor y comunicándome con Él, que ni siquiera me doy cuenta que las horas han pasado, y que he estado en oración durante mucho tiempo.

Durante el día, yo solía lavar los platos, lavar la ropa, limpiar los pisos, y hacer todas las tareas de la casa, pero constantemente yo tenía mi mente en el Señor Jesús. Yo recuerdo que pensaba, *bueno Señor, ¿lo que estoy haciendo es algo normal?* Entonces yo me decía a mí misma, "bueno, si dice que tengamos comunión con Él y que hablemos con Él, entonces esto debe de ser normal". Las Escrituras dicen, *"Estad siempre gozosos; orad sin cesar; dad gracias en todo, porque esta es la voluntad de Dios para vosotros en Cristo Jesús"* (1ª Tesalonicenses 5:16–18). Favor de leer también, por ejemplo, Éxodo 25:21–22, y Mateo 6:5–7). No podemos orar a Dios en voz alta las 24 horas del día, pero podemos hacernos disponibles a Él en forma continua, para poder orar, o para poder servirle, y podemos mantenernos constantemente en contacto con Su presencia, sometiéndonos a Él en todas las cosas. Debemos tener un estilo de vida que contenga una comunicación abierta con Dios. El hecho de comunicarme continuamente con Dios mientras que yo trabajaba, dio como resultado que esto era una gran manera de tener equilibrio en mi hogar y en mi familia. Dios era la Única Persona a quien yo iba en busca de respuestas. El era el Único a quien yo buscaba cuando yo me encontraba en alguna crisis. El siempre estaba ahí conmigo, y yo aprendí a confiar en Él, por medio de comunicarme con Él.

> *Si sigues confiando en Dios, Él va a caminar a tu lado, a través de todas las incertidumbres.*

Sí, yo todavía fallaba algunas veces, pero yo iba directamente a Dios—mi Papacito—poniéndome en mis rodillas para orar. Algunas veces, cuando estaba manejando mi automóvil, el Espíritu del Señor descendía sobre mí, y lo único que podía hacer, era pararme a un lado del camino y comenzar a orar, "Padre Santo, por favor guíame el día de hoy y dirige todos mis pasos".

Todos tenemos una gran necesidad de la guía de nuestro Padre Celestial. A medida que la gente se despierta cada mañana en todo el mundo, ellos no saben lo que les espera cada día. Ninguno de nosotros sabemos lo que nos espera, y por lo tanto debemos sostenernos de la mano de Dios. Él ha estado conmigo a través de la muerte de uno de mis hijos, la muerte de mi madre y la muerte de mi hermana. Él siempre ha sostenido mi mano a través de las tormentas de la vida. El Padre Celestial me ha hablado y se ha comunicado conmigo, dándome una fortaleza que yo nunca creí que iba a poder tener.

A través de las dificultades y los obstáculos de la vida, nunca podemos soltarnos de la mano de Dios, porque Él es el Único que nos puede guiar con seguridad. Tal vez no seas capaz de ver lo que está adelante de ti, pero si tú sigues confiando en Dios, Él va a caminar a tu lado a través de todas las incertidumbres de la vida. Esta es la razón de por qué nunca debemos rendirnos, cuando la presión parece ser demasiada para poder sobrevivir. Sólo detén tu automóvil y hazte "hacia un lado del camino" a un lugar quieto, y pídele a Dios que te guíe en el camino.

ENTENDIENDO LA COMUNIÓN CON DIOS

Desde el principio de los tiempos, Dios ha deseado tener comunión con la raza humana. La Biblia indica que Dios caminaba con Adán en la frescura de la noche; ellos tenían una comunión muy especial estando juntos. (Favor de ver Génesis 3:8). Todo ser humano tiene (1) un cuerpo físico, que contiene al espíritu y al alma; (2) un alma (mente, voluntad, y emociones a través de las cuales razonamos, decidimos y sentimos); y (3) un espíritu.

Dios nos hizo a Su imagen (favor de ver Génesis 1:26), y *"Dios es Espíritu"* (Juan 4:24). Tu espíritu es la esencia de quien tú eres, y es a través de tu espíritu que debes comunicarte directamente con tu Padre Celestial. Pero, otra vez, para que podamos comunicarnos con Dios por medio de nuestro espíritu, primero debemos de nacer otra vez, y tener nuestro espíritu regenerado a través de Cristo Jesús.

> *Sin embargo, vosotros no estáis en la carne sino en el Espíritu, si en verdad el Espíritu de Dios habita en vosotros. Pero si alguno no tiene el Espíritu de Cristo, el tal no es de El. Y si Cristo está en vosotros, aunque el cuerpo esté muerto a causa del pecado, sin embargo, el espíritu está vivo a causa de la justicia.* (Romanos 8:9–10)

Obviamente, la gente puede orar a Dios antes de tener su espíritu regenerado, debido a que Dios escucha sus oraciones pidiendo salvación y pidiendo ayuda. Pero el hecho de comunicarnos con Dios verdaderamente, en la forma en que Él lo desea, sólo puede ocurrir cuando nuestro espíritu ha sido regenerado, y tenemos a Su Espíritu Santo viviendo dentro de nosotros. El apóstol Pablo escribió lo siguiente,

> *Pero si el Espíritu de aquel que resucitó a Jesús de entre los muertos habita en vosotros,*

el mismo que resucitó a Cristo Jesús de entre los muertos, también dará vida a vuestros cuerpos mortales por medio de su Espíritu que habita en vosotros. Porque todos los que son guiados por el Espíritu de Dios, los tales son hijos de Dios. Pues no habéis recibido un espíritu de esclavitud para volver otra vez al temor, sino que habéis recibido un espíritu de adopción como hijos, por el cual clamamos: ¡Abba, Padre! El Espíritu mismo da testimonio a nuestro espíritu de que somos hijos de Dios,

(Romanos 8:11, 14–16)

Pablo también escribió,

Entonces ¿qué? Oraré con el espíritu, pero también oraré con el entendimiento; cantaré con el espíritu, pero también cantaré con el entendimiento. (1ª Corintios 14:15)

También somos instruidos para que,

Con toda oración y súplica orad en todo tiempo en el Espíritu, y así, velad con toda perseverancia y súplica por todos los santos. (Efesios 6:18)

DISTRACCIONES PARA NUESTRA COMUNIÓN CON DIOS

Debido a que la comunión con Dios es algo vital, debemos aprender como poder reconocer, y como tratar con las distracciones que nos impiden desarrollar una vida consistente de oración.

Distracciones físicas

Siendo que siempre deberíamos tomarnos el tiempo necesario, para buscar un lugar quieto y poder hablar con Dios, al mismo tiempo no deberíamos permitir que la falta de quietud nos impida tener comunión con Él. La oración se puede realizar en cualquier lugar y a cualquier hora. Cuando tú no puedes hablar verbalmente con Dios, o en voz alta, hablar en silencio con Él es igualmente efectivo. Ya sea que estés corriendo, sentado en su escritorio, esperando en la oficina del doctor, volando en un avión, o incluso jugando golf en un campo de golf, no existen barreras entre tú y Dios cuando se trata de la oración.

> *Cuando tú no puedes hablar con Dios en voz alta, hablar en silencio con Él es igualmente efectivo.*

Muy frecuentemente, permitimos que las ataduras de las tradiciones de ritos nos impidan tener comunión con Dios, cuando todo lo que Él quiere es nuestro tiempo y esfuerzo. No importa si tú estás parado o si estás sentado mientras estás hablando con Él. No necesitas prender velas o estar a solas. Dios va a hablar contigo a cualquier hora del día o de la noche. Nunca debes estar tan ocupado en la vida, como para ignorar a Dios. No permitas que nada ni nadie te aleje de Dios, porque en Él está la sabiduría de la vida:

> *El principio de la sabiduría es el temor del Señor; buen entendimiento tienen todos los*

*que practican sus mandamientos; su ala-
banza permanece para siempre.*
(Salmo 111:10)

*Porque la sabiduría protege como el dinero
protege. Pero la ventaja del conocimiento
es que la sabiduría preserva la vida de sus
poseedores.* (Eclesiastés 7:12)

*El será la seguridad de tus tiempos, abun-
dancia de salvación, sabiduría y conocimiento; el temor del Señor es tu tesoro.*
(Isaías 33:6)

Necesitamos reconocer continuamente la presencia de Dios, y el hecho de que Él siempre le da
la bienvenida a nuestra conversación con Él, sin
importar en donde nos encontramos. Ninguno de
nosotros sabe el día o la hora cuando Jesús va a
regresar (favor de ver Mateo 25:13) o cuando es el
día que vamos a morir, y vamos a ir a la presencia
de Dios, y por lo tanto, no podemos darnos el lujo de
hacer a un lado nuestra comunión con Dios.

Distracciones Demoníacas

En segundo lugar, debemos estar conscientes que las distracciones demoníacas van a tratar
de venir para impedir nuestras oraciones. Yo creo
sinceramente, que el diablo entiende la importancia y el poder de nuestra comunicación con el Padre
Celestial. El diablo siempre intenta mantenernos
tan ocupados y tan abrumados con nuestros problemas personales, para que fallemos y no tengamos
tiempo para orar. El va usar cualquier cosa que sea

necesaria para ponerte a pensar en cualquier otra cosa que no sea Dios. Esto explica por qué, muy frecuentemente, en el mismo momento en que tú vas a orar, el teléfono comienza a sonar, alguien toca a tu puerta, o tú comienzas a pensar acerca de algo que tienes que hacer "de inmediato", aunque tú has estado posponiendo esto por meses.

> *Debes darle a Dios la prioridad que Él merece, sin permitir que las distracciones te aparten de Él.*

Los demonios van a tratar de causar perturbaciones y un caos total en tu vida, para que tú pongas toda tu atención en estas distracciones y preocupaciones. Ellos van a tratar de impedir que te mantengas diligente en la oración, y que no puedas estar en un estado de fidelidad y obediencia a Dios. Por favor, debes entender que tus seres amados y tus amigos que van a llamar, o van a pasar a visitarte, no son (el diablo). Tampoco los deberes de trabajo son las cosas que te distraen. El diablo usa gentes y cosas en tu vida como peones, para impedir qué te acerques al trono del Rey. El diablo sabe que para poder obtener y llamar tu atención, él tiene que usar a alguien o algo que está cercano a ti. El tal vez le va a susurrar a alguien muy cercano a ti, "¡apúrate! ¡Tienes que llamarla ahora mismo!" Yo no estoy sugiriendo que tú debas despreciar a tus amigos o tus responsabilidades; al contrario, estoy tocando la necesidad de tener un equilibrio en tu vida, y de darle a Dios la prioridad que El merece. Debes reconocer que necesitas pasar tiempo a solas con Dios.

Para crear una relación más cercana con Dios, algunas veces vas a necesitar apagar el teléfono y poner una señal en tu puerta que diga "Por favor no molestar". Debes tomar tiempo para prepararte a ti mismo, a fin de tener verdadero tiempo de calidad con Dios. Tú incluso, puedes construir un cuarto de oración en tu casa, para que todo mundo sepa que no debe molestarte, una vez que esa puerta ha sido cerrada. Puedes colocar fotografías de tus seres queridos y de otras personas que necesitan oración delante de ti, como un punto de contacto. Debido a que la distancia no hace ninguna diferencia en la oración, tú puedes ponerte de acuerdo con ellos desde tu cuarto de oración, y levantar todas sus necesidades ante Dios.

RESULTADOS DE TENER COMUNIÓN CON EL PADRE CELESTIAL

¿Cuáles son algunos de los resultados de nuestra comunión con el Padre Celestial? Nosotros (1) tenemos unidad y unanimidad con Dios, (2) recibimos fortaleza espiritual, (3) reflejamos la luz de Dios hacia los demás, (4) recibimos la guía de Dios, y, (5) aprendemos a discernir la voz de Dios por nosotros mismos y para poder ministrar a otros.

Unanimidad con el Padre Celestial

Una de las características más importantes de Jesús fue Su unanimidad con el Padre Celestial:

Yo y el Padre somos uno.   (Juan 10:30)

*El que me ha visto a mí, ha visto al Padre;
¿cómo dices tú: "Muéstranos al Padre"?*
(Juan 14:9)

*Un poco más de tiempo y el mundo no me
verá más, pero vosotros me veréis; porque yo
vivo, vosotros también viviréis. En ese día
conoceréis que yo estoy en mi Padre, y vosotros en mí, y yo en vosotros.* (Juan 14:19–20)

Lo que tal vez es aún más asombroso, es el
hecho de que Jesús dijo, que nosotros también tenemos que vivir en unanimidad con Dios a través de
Él.

*Jesús respondió, y le dijo: Si alguno me
ama, guardará mi palabra; y mi Padre lo
amará, y vendremos a él, y haremos con él
morada.* (Juan 14:23)

*Para que todos sean uno. Como tú, oh Padre,
estás en mí y yo en ti, que también ellos estén
en nosotros, para que el mundo crea que tú
me enviaste.* (Juan 17:21)

*Yo les he dado a conocer tu nombre, y lo
daré a conocer, para que el amor con que me
amaste esté en ellos y yo en ellos.*
(Juan 17:26)

La unanimidad que Jesús tenía con el Padre
Celestial, era tan completa que ellos trabajaban en
una unidad total. *"Por eso Jesús, respondiendo, les
decía: En verdad, en verdad os digo que el Hijo no
puede hacer nada por su cuenta, sino lo que ve hacer*

al Padre; porque todo lo que hace el Padre, eso también hace el Hijo de igual manera" (Juan 5:19). Las Escrituras dicen que Jesús se tomaba el tiempo para estar a solas y poder orar a Dios para buscar Su voluntad. (Favor de ver, por ejemplo, Mateo 14:23; Marcos 1:35; Lucas 6:12; 9:28). Jesús tenía una sola mente y un solo corazón con el Padre Celestial. Este es el mismo tipo de relación que Dios desea que nosotros tengamos con Él, y por ello es que hizo provisión a través de la vida, muerte y resurrección de Cristo Jesús.

> *Porque este es el pacto que yo haré con la casa de Israel después de aquellos días, dice el Señor: Pondré mis leyes en la mente de ellos, y las escribiré sobre sus corazones. Y yo seré su Dios, y ellos serán mi pueblo.*
>
> (Hebreos 8:10)

Espiritualmente, estamos sentados—aún en este momento—en "lugares celestiales" con Cristo Jesús.

> *Pero Dios, que es rico en misericordia, por causa del gran amor con que nos amó, aun cuando estábamos muertos en nuestros delitos, nos dio vida juntamente con Cristo (por gracia habéis sido salvados), y con Él nos resucitó, y con Él nos sentó en los lugares celestiales en Cristo Jesús, a fin de poder mostrar en los siglos venideros las sobreabundantes riquezas de su gracia por su bondad para con nosotros en Cristo Jesús.*
>
> (Efesios 2:4–7)

Un día, vamos a ver a Dios, cara a cara (favor de ver 1ª Corintios 13:12), y Dios va a vivir en medio de los seres humanos.

Entonces oí una gran voz que decía desde el trono: He aquí, el tabernáculo de Dios está entre los hombres, y El habitará entre ellos y ellos serán su pueblo, y Dios mismo estará entre ellos. (Apocalipsis 21:3)

Aún ahora, Dios desea tener una relación muy íntima con nosotros, de tal manera que Sus pensamientos se conviertan en nuestros pensamientos, y que Sus caminos se conviertan en nuestros caminos. (Favor de ver Isaías 55:6–9). A medida que tú buscas esta unanimidad con el Padre Celestial, El te va a dar la bienvenida a Su presencia y Te va a decir, "Ven, vamos a caminar juntos por este camino de la vida".

Debes pensar en la forma como los pecadores se salvan. Ellos buscan a Dios en el Nombre de Jesús, reconociendo quién es Él, arrepintiéndose de sus pecados, y clamando a Dios por salvación y ayuda. Tú debes continuar tu relación con Dios en una forma parecida. Lo buscas a Él, reconoces Su grandeza; recibes perdón por cualquier pecado que hayas cometido, para que puedas estar en buena comunión con Dios; y clamas a Dios por todas tus necesidades y por todas tus peticiones.

Fortaleza espiritual

El hecho de recibir fortaleza, es otro resultado de tener comunión con el Padre Celestial. Después de que he confesado mis pecados y derramado todos mis pensamientos ante Dios, me siento limpia y muy renovada. La oración nos puede refrescar espiritual, mental, emocional, y físicamente. Cuando Nehemías estaba haciendo acosado por sus enemigos, el oró, *"Pero ahora, oh Dios, fortalece mis manos"* (Nehemías 6:9). Jesús recibió fortaleza espiritual a través de un ángel, después de haber orado intensamente al Padre Celestial, en el jardín de Getsemaní.

> *Y se apartó de ellos como a un tiro de piedra, y poniéndose de rodillas, oraba, diciendo: Padre, si es tu voluntad, aparta de mí esta copa; pero no se haga mi voluntad, sino la tuya. Entonces se le apareció un ángel del cielo, fortaleciéndole.*   (Lucas 22:41–43)

Pablo oró que los efesios pudieran experimentar la fortaleza espiritual de Dios:

> *Que os conceda, conforme a las riquezas de su gloria, ser fortalecidos con poder por su Espíritu en el hombre interior; de manera que Cristo more por la fe en vuestros corazones; y que arraigados y cimentados en amor.*   (Efesios 3:16–17)

La oración nos mantiene cerca de Dios y muy fuertes espiritualmente.

Reflejando la luz de Dios a los demás

Cuando tenemos comunión con el Padre Celestial, vamos a ser mucho más capaces de poder reflejar Su luz y Su misericordia en este mundo. La falta de comunicación con Dios, nos impide poder desarrollar una vida de oración efectiva, y por lo tanto, una vida de oración carente de efectividad, da como resultado un estilo de vida muy mediocre. Dios puede ser visible a los demás a través de ti, sólo cuando tú estás teniendo comunión con Él, y cuando te encuentras en armonía con Su Espíritu Santo. Jesús dijo, *"Así brille vuestra luz delante de los hombres, para que vean vuestras buenas acciones y glorifiquen a vuestro Padre que está en los cielos"* (Mateo 5:16). A medida que tú desarrollas una vida secreta de oración con Dios, esto se va a poder reflejar en tu vida pública.

> *Pero tú, cuando ores, entra en tu aposento, y cuando hayas cerrado la puerta, ora a tu Padre que está en secreto, y tu Padre, que ve en lo secreto, te recompensará.* (Mateo 6:6)

Recibiendo la guía de Dios

En cuarto lugar, una vida activa de comunión con Dios, te va a capacitar para poder recibir la guía de Dios. La oración es la clave para poder abrir el corazón de Dios. Es en oración, que Dios te va a revelar muchas cosas, porque Él te ama y Él tiene cuidado de ti. El va a comenzar a abrir Su Palabra para ti, e incluso te va a mostrar visiones. A medida que yo he tenido comunión con Dios, y que he dedicado tiempo en forma íntima con El, he recibido visiones, en las cuales he podido ver la Palabra de Dios en acción. Como si fuera una película que está revelando su trama a los espectadores ansiosos, he podido ver la forma en que el Señor libera a Su pueblo por medio de la oración.

Muy frecuentemente, la gente busca sin descanso diferentes alternativas para los asuntos de la vida, en lugar de dirigirse directamente y primeramente a Dios. Muchos de nuestros problemas podrían ser reducidos drásticamente si nos dirigiéramos a Dios, si tuviéramos comunión con El, y si hiciéramos esta simple pregunta: "¿Señor Jesús, qué es lo que Tú quieres que yo haga en esta situación?"

Aprendiendo a discernir la voz de Dios

En quinto lugar, el hecho de tener comunión con el Padre Celestial, nos ayuda para que podamos aprender a discernir Su voz. Es vital poder escuchar a Dios, a medida que tú expresas tu adoración, tus preocupaciones, y tus peticiones. Tú debes Darle "lugar" para que Él te pueda hablar. Cuando tú llamas, o cuando vas a visitar a un amigo, es muy frustrante ser el único que hace toda la plática. A fin de poder tener una conversación, debe existir una interacción entre las dos partes. Lo mismo aplica en tu relación con Dios el Padre. La oración tiene que ser una conversación de dos sentidos. Mientras más oras tú, y escuchas Su voz, para que puedas obedecerla, mucho más vas a comenzar a ver cambios en tu vida.

Dios te va a hablar a ti en Su tiempo. No debemos pedirle a Dios que nos hable, y entonces, de inmediato, comenzar a creer cualquier cosa que se nos ocurra en nuestra cabeza, como si esto viniera de Él. Debemos usar discernimiento para poder determinar Su voz. A continuación enumero algunas sugerencias y métodos que puedes usar para ayudarte:

- Dios no te va a decir que hagas nada que contradiga Su Palabra. Él no se pone a discutir cuando se trata de Su Palabra. La Palabra de Dios es verdad y Dios no la compromete por nada.

- La Palabra de Dios es pura. *"Probada es toda palabra de Dios; El es escudo para los que en El se refugian. No añadas a sus palabras, no sea que El te reprenda y seas hallado mentiroso"* (Proverbios 30:5–6).

- Cuando ponemos nuestra confianza en Dios y en Su palabra que es pura, Dios se convierte en nuestro escudo. El salmo 91: 4 nos recuerda lo siguiente, *"Escudo y baluarte es su fidelidad"*. Debido a que la Palabra de Dios es pura, no debemos añadir nada a lo que Dios dice, ni debemos quitar nada de ella. La palabra de Dios ya es perfecta; el hecho de añadir algo o de quitar algo de ella contamina su autenticidad, y nos roba a nosotros y a los demás de Su poder.

- Cuando Dios habla, Él hace que sea fácil para ti poder escucharlo. Cuando Él está en silencio, algunas veces eso quiere decir "que debemos esperar".

- Dios no te va a decir nada que ponga en peligro la vida espiritual o la vida física de otras personas.

- Tu conciencia es un don que viene de Dios—y es un don que no debe ser ignorado.

Mientras más comunión tengas con Dios, se te va hacer más fácil saber cuando Él está hablando. Dios comenzó a entrenarme a través de los años, para que yo pudiera dar el paso y obedecer Su voz cada vez que Él habla. En ocasiones, yo podría estar en un servicio, a punto de comenzar a predicar acerca del infierno, cuando, de repente, Dios comenzaba a hablarme acerca de cosas que estaban pasando con la gente en esa congregación.

Por ejemplo, el Señor a veces me decía, "Escribe estas cosas que voy a decir". Por lo tanto, escribía, a medida que Dios me revelaba cosas acerca de sanidades que iban a suceder, y acerca de otras bendiciones que Él quería dar a esa congregación. Cuando me levantaba para comenzar a hablar, yo podía compartir

> *Mientras más comunión tienes con Dios, más fácil se te va a hacer poder conocer cuando Él te está hablando.*

con la gente, todo aquello que Dios me había mostrado. Yo podía decir algo como, "Dios dice que hay gentes aquí que han estado sufriendo con dolores de cabeza y migrañas. Él dice que algunas de estas personas, tienen estas dolencias a causa de problemas nerviosos, y otros debido a la tensión nerviosa y estrés. Existe un tipo de presión en la cabeza que es causada por un espíritu de enfermedad—o sea, un ataque del enemigo. Yo quiero pedirte que vengas aquí enfrente, si has estado sufriendo dolores de cabeza o migrañas, porque no importa quién seas, ¡Dios quiere sanarte hoy mismo!"

La gente venía de entre todo el auditorio hacia el altar para pedir oración—algunas veces diez gentes, y en otras ocasiones cincuenta o cien. Yo les preguntaba, "¿hace cuánto tiempo que tú has sufrido de este tipo de dolor de cabeza?"

Una persona tal vez diría, "toda mi vida", otros tal vez contestaban, "hace unos meses", y otros también decían, "hace unos días". Y alguno tal vez decía, "a veces viene y se va".

> *Si caminamos cerca de Dios, Él va cumplir Su voluntad en nuestra vida.*

Cerraba mis ojos y comenzaba a orar. Algunas veces, yo podía ver una banda negra oscura alrededor de su cabeza, y el Señor me revelaba que esto se trataba de un ataque del enemigo, y que yo tenía que "romper esa banda, en el nombre de Jesús". Yo comenzaba a pelear la batalla espiritual por esta persona, diciendo, "¡En el Nombre de Jesús, rompo esta banda, y ordenó que estos dolores de migraña sean echados fuera, y que dejen libre a esta persona!" En ocasiones, yo de hecho veía ángeles que venían y rompían esa fortaleza demoníaca, y entonces, desaparecía en el aire. Una vez que esto sucedía, el Señor me hacía orar para que hubiera restauración y sanidad. Yo podía ver la Palabra de Dios que venía, y tocaba la cabeza de la persona, bendiciéndola. A medida que la gloria de Dios parecía reposar sobre la persona, yo sabía que el Señor estaba trayendo sanidad.

Entonces, cuando yo oraba por la siguiente persona, yo podía ver toda su estructura ósea, así como la presión que estaba sufriendo en sus nervios y en su espina dorsal. El Señor me daba instrucciones de cómo orar por esa persona, y a medida que yo obedecía, Dios efectuaba un milagro creador de sanidad en Su Nombre. En cada ocasión es completamente diferente, y yo sólo quiero alabar a Dios por esto, debido a que a través de obedecer a Dios, he podido aprender una lección muy valiosa que ahora me gustaría compartir contigo: tú tienes que confiar en Dios, y tienes que fluir junto con Su Espíritu Santo, en cualquier capacidad o don que Él te haya dado.

Con relación a los dones de Dios, el libro de 1ª de Corintios revela que existen diferentes manifestaciones de Su poder sanador. Debes notar que la palabra dones de sanidades se encuentra en plural:

*Pero a cada uno se le da la manifestación del Espíritu para el bien común. Pues a uno le es dada palabra de sabiduría por el Espíritu; a otro, palabra de conocimiento según el mismo Espíritu; a otro, fe por el mismo Espíritu; a otro, **dones de sanidades** por el mismo Espíritu; a otro, poder de milagros; a otro, profecía; a otro, discernimiento de espíritus; a otro, diversas clases de lenguas, y a otro, interpretación de lenguas. Pero todas estas cosas las hace uno y el mismo Espíritu, distribuyendo individualmente a cada uno según la voluntad de El.*

(1ª Corintios 12:7–11 se añadió énfasis)

De la misma manera como Dios obra en diferentes maneras, Él usa a las gentes en diferentes maneras, a través de una variedad de dones:

Ahora bien, hay diversidad de dones, pero el Espíritu es el mismo. Y hay diversidad de ministerios, pero el Señor es el mismo. Y hay diversidad de operaciones, pero es el mismo Dios el que hace todas las cosas en todos.   (1ª Corintios 12:4–6)

Existen diferentes dones, pero todos ellos son operados por el mismo Dios. Esto significa que, sin importar quién es la persona que posee el don, si esa persona se rinde completamente al Espíritu de Dios, ese don que posee, va a poder cumplir el propósito de Dios. No es nuestra voluntad, la que manifiesta los dones. Nuestra oración debería ser, "Señor, que sea hecha Tu voluntad".

Existe un Dios que usa muchos vasos diferentes, a fin de poder llevar a cabo diferentes tareas *"Para la edificación de todos"* (1ª Corintios 12:7). Dios Todopoderoso obra en maneras que van mucho más allá de nuestro razonamiento, y de nuestras habilidades, pero si caminamos muy cerca de Dios, escuchamos Su voz, Él va a obrar a través de nosotros, para poder cumplir Su propósito en nuestra vida y en la vida de otros que nos rodean.

Porque mis pensamientos no son vuestros pensamientos, ni vuestros caminos mis caminos- declara el Señor. Porque como los cielos son más altos que la tierra, así mis caminos son más altos que vuestros caminos, y mis pensamientos más que vuestros pensamientos. (Isaías 55:8–9)

ACOSTUMBRÁNDOSE A TENER COMUNIÓN CON DIOS

Dios quiere que nos acostumbremos a tener comunión con Él. Existe una abundancia de revelación que puede ser descubierta, y de todo tipo de conocimientos, que Él quiere darle a aquellos que son capaces de escuchar Su voz y de obedecer Sus mandamientos. ¿Alguna vez se te ha ocurrido una idea y más tarde te has preguntado ti mismo, de donde vino esta idea? ¿O alguna vez le has dado un consejo a alguien que se encontraba en medio de una crisis muy aguda, y después te pusiste a pensar, ese fue un gran consejo? Aun si no nos damos cuenta, Dios nos esta guiando y dirigiendo. Esto se hace más obvio, a medida que diariamente damos pasos de fe y confiamos en Dios.

Mientras más tiempo pasas tú con Dios, más preparado vas a estar para poder ministrar una palabra de aliento a otras personas.

> *Te encargo solemnemente, en la presencia de Dios y de Cristo Jesús, que ha de juzgar a los vivos y a los muertos, por su manifestación y por su reino: Predica la palabra; insiste a tiempo y fuera de tiempo; redarguye, reprende, exhorta con mucha paciencia e instrucción.* (2ª Timoteo 4:1–2)

Este pasaje nos recuerda que debemos estar preparados, no solo cuando las cosas funcionan bien, sino también cuando estamos atravesando por temporadas "de sequía", para que de todas formas, podamos tener una palabra ungida que pueda suplir las necesidades de los demás. Tú nunca sabes cuándo Dios te va a usar para ser una bendición para alguna otra persona, y por lo tanto siempre tienes que estar listo y dispuesto para que El te use.

Por lo tanto, la oración nos da la oportunidad de tener comunión con Dios, para poder ofrecerle nuestras peticiones, y para poder ministrar a otras personas. Tal y como lo hemos visto anteriormente, Dios recibe toda oración, las filtra, las contesta, y comienza a manifestar porciones de ello en la tierra, de acuerdo a Su tiempo. Una vez que tú has podido digerir estos hechos tan importantes, tú vas a ser mucho menos susceptible a *"cansarte mientras que haces el bien"* (Gálatas 6:9), y vas a poder continuar disfrutando de la comunión con Dios, y tu actitud se va a convertir en, "que me he sometido a Dios en oración, y por lo tanto estoy listo para poder escuchar Su voz, y sé que su voluntad va a obrar todas las cosas para mí bien". (Favor de ver Romanos 8:28).

Capítulo 5

SEÑOR, ¡AYÚDAME A ORAR!

O rar a Dios involucra poder entender las formas como Dios desea que nos acerquemos a Él, y las formas como Él quiere que nosotros oremos. Tres pasajes de la Escritura nos van a ayudar a poder entender esto mucho mejor; uno es del Antiguo Testamento, y dos pertenecen al Nuevo Testamento. Vamos a comenzar con el pasaje que es muy conocido para muchos cristianos, y que viene del libro de 2ª de Crónicas. Nos enseña la forma como el pueblo de Dios debe de acercarse a Él, y la forma cómo tienen que vivir su vida, si es que acaso ellos quieren poder escuchar a Dios.

REQUISITOS PARA QUE DIOS ESCUCHE NUESTRA ORACIÓN

> *Y se humilla mi pueblo sobre el cual es invo-cado mi nombre, y oran, buscan mi rostro y se vuelven de sus malos caminos, entonces yo oiré desde los cielos, perdonaré su pecado y sanaré su tierra.* (2ª Crónicas 7:14)

En segunda de Crónicas 7:14 se nos presentan cuatro requisitos que el pueblo de Dios debe tener, si es que quieren estar en una posición correcta con Dios y poder recibir Su ayuda. Éstos requisitos son (1) humillarse, (2) orar, (3) buscar el rostro de Dios, (4) darle la espalda a nuestros caminos pecaminosos.

Humillarse ante Dios

Santiago 4:10 dice lo siguiente, *"Humillaos en la presencia del Señor y El os exaltará"*. A menos que nos humillemos, no vamos a poder inclinarnos ante Dios para buscar Su ayuda. La altanería de nuestra naturaleza ocasiona que tengamos la tendencia a depender en el ingenio humano, y en la destreza del hombre, los cuales son muy limitados en poder y habilidad.

> *Aun los mancebos se fatigan y se cansan, y los jóvenes tropiezan y vacilan, pero los que esperan en el Señor renovarán sus fuerzas; se remontarán con alas como las águilas, correrán y no se cansarán, caminarán y no se fatigarán.* (Isaías 40:30–31)

En contraste, el poder de Dios es ilimitado. Sin importar cuáles sean las ataduras que nos detienen a lo largo del camino, *"con Dios, todo es posible"* (Mateo 19:26). Más aún, sabemos que Dios obra todas las cosas para bien, para aquellos que Lo aman y que están *"llamados de acuerdo a Su propósito"* (Romanos 8:28).

Muchas veces, en forma equivocada, colocamos "la humildad" como un equivalente a ser débil, a ser vergonzoso, o como si fuera un comportamiento deshonroso. Por el contrario, la humildad es una posición de mucho respeto. Tiene que ver con respetarte a ti mismo, lo suficiente, como para honrar la soberanía de Dios, por medio de hacerse a un lado y permitirle a Él que dirija el camino. A medida que tú permitas que Dios te guíe, tú vas a estar abriéndote para poder recibir el conocimiento revelador de Dios—que es un conocimiento que solamente puede ser obtenido a través de adorarlo a Él, y de una rendición total de ti, a la voz de Dios. Proverbios 15:33 dice lo siguiente, *"El temor del Señor es instrucción de sabiduría, y antes de la gloria está la humildad"*. Antes de que tú puedas recibir la sabiduría de Dios, tú primero debes ser capaz de poder escuchar. Después de que tú has escuchado y recibido, tú puedes comenzar a aplicar la sabiduría que Dios te ha dado. Sólo entonces, es que el honor puede ser impartido a favor tuyo.

> *La oración te mantiene bien fundamentado, cuando los vientos de la duda comienzan a soplar en contra de tu fe.*

Oración

Después de que te has humillado, y de que has recibido el conocimiento y la sabiduría de Dios, tú debes orar a Dios para que te dé Su fortaleza y Su guía, a fin de que puedas permanecer en el camino correcto. La oración es esencial para poder mantener el enfoque de uno mismo, mientras que al mismo tiempo, está uno buscando diligentemente, poder cumplir el llamamiento de Dios. Muchas veces, tan pronto como anunciamos lo que Dios está a punto de hacer en nuestras vidas, los ataques del enemigo se dejan venir de inmediato, para tratar de invalidar la palabra que hemos hablado, basados en las promesas de Dios. Esto no se trata de una coincidencia, porque Jesús dijo,

> *El sembrador siembra la palabra. Y estos son los que están junto al camino donde se siembra la palabra, aquellos que en cuanto la oyen, al instante viene Satanás y se lleva la palabra que se ha sembrado en ellos.*
> (Marcos 4:14–15)

Cada vez que tú hablas una palabra afirmando la voluntad de Dios o sus bendiciones venideras, puedes esperar que el diablo va a tratar de inmediato de sembrar incredulidad. El diablo no sólo quiere que tu cuestiones la validez de la palabra que has hablado, sino que él también quiere invocar su espíritu de duda sobre todo aquello que escuchó salir de tu boca. La oración hace que tú permanezcas bien fundamentado, con raíces muy fuertes, mientras que los vientos de duda e incredulidad del diablo, comienzan a golpearte en tu fe. Debes recordarte a ti mismo, "yo se lo que Dios ha hablado, y sin importar lo que suceda en el medio ambiente natural, ¡yo no voy a ser movido!" Entonces debes orar, "Dios, yo recibo Tu guía divina, y voy a esperar pacientemente por la manifestación física de aquello que Tú ya has realizado en el medio ambiente espiritual".

Buscar el rostro de Dios

Buscar el rostro de Dios significa, en parte, permanecer abierto para poder recibir Su voz, cuando nos da instrucción y mandamientos, incluso, cuando esto sucede en el momento en que menos lo esperamos. También significa tener comunión con Dios en forma regular, y leer Su Palabra muy diligentemente. A medida que buscamos a Dios, Él no sólo va a enviar ayuda para suplir nuestras necesidades, sino que también, Él nos va a dar discernimiento sobrenatural, para protegernos de todas aquellas personas que quieren tomar ventaja de nuestra debilidad, en todas esas ocasiones que nos encontramos pasando tiempos de necesidad. *"Cuidaos de los falsos profetas, que vienen a vosotros con vestidos de ovejas, pero por dentro son lobos rapaces"* (Mateo 7:15). Cuando Dios habla, tú nunca tienes que preocuparte acerca de que Él tenga malos motivos, o malas intenciones. Su amor divino siempre desea lo mejor para ti.

> *"Porque yo sé los planes que tengo para vosotros"—declara el Señor—"planes de bienestar y no de calamidad, para daros un futuro y una esperanza. Me invocaréis, y vendréis a rogarme, y yo os escucharé. Me buscaréis y me encontraréis, cuando me busquéis de todo corazón".* (Jeremías 29:11–13)

Arrepentirse y voltearse de los caminos pecaminosos

Obviamente, si queremos que Dios se mueva a nuestro favor respondiendo nuestras oraciones, debemos apartarnos de todo pecado que conozcamos, y debemos buscar el carácter y los caminos de Dios. También podemos pedirle que nos revele cualquier pecado que tengamos y que sea desconocido para nosotros, para que podamos arrepentirnos de ello igualmente.

¿Quién puede discernir sus propios erro-
res? Absuélveme de los que me son ocultos.
Guarda también a tu siervo de pecados
de soberbia; que no se enseñoreen de mí.
Entonces seré íntegro, y seré absuelto de
gran transgresión. (Salmo 19:12–13)

En el siguiente capítulo, vamos a discutir los obstáculos que pueden impedir nuestra oración, y que pueden ser clasificados ya sea como "pecados voluntarios" o "pecados ocultos", pero que de todas maneras, necesitamos tratar con ellos, a fin de poder tener una oración efectiva. *"La oración eficaz del justo puede lograr mucho"* (Santiago 5:16).

A medida que tú cumples con estos cuatro requisitos—humillarte a ti mismo, orar, buscar el rostro de Dios, y alejarte de tus caminos pecaminosos—Dios promete que va a escuchar tus oraciones, y que va a suplir todas tus necesidades: *"y se humilla mi pueblo sobre el cual es invocado mi nombre, y oran, buscan mi rostro y se vuelven de sus malos caminos, entonces yo oiré desde los cielos, perdonaré su pecado y sanaré su tierra"* (2ª Crónicas 7:14).

El pasaje de la Escritura anterior remarca la forma cómo debemos acercarnos a Dios, y los siguientes pasajes muestran la forma cómo debemos orar.

Jesús enseñó la forma cómo debemos orar

Aquellos que no están acostumbrados a hablar con Dios, muy frecuentemente hacen la siguiente pregunta, "¿cómo es que debo orar?" Aún los discípulos que vivieron y ministraron conjuntamente con Jesús, lucharon para poder entender la oración, pero ellos reconocieron que Jesús tenía el tipo de vida de oración que ellos habían deseado. Ellos le preguntaron a Jesús que les enseñará como orar, y por lo tanto, Jesús se tomó el tiempo necesario para instruirlos en lo que debían hacer, y lo que no debían hacer, cada vez que hablaran al Padre Celestial. Hoy en día, todos nosotros podemos seguir estas mismas instrucciones, tal y como se encuentran remarcadas en las enseñanzas de Jesús, en el capítulo seis del libro de Mateo:

> *Y cuando oréis, no seáis como los hipócritas; porque a ellos les gusta ponerse en pie y orar en las sinagogas y en las esquinas de las calles, para ser vistos por los hombres. En verdad os digo que ya han recibido su recompensa. Pero tú, cuando ores, entra en tu aposento, y cuando hayas cerrado la puerta, ora a tu Padre que está en secreto, y tu Padre, que ve en lo secreto, te recompensará. Y al orar, no uséis repeticiones sin sentido, como los gentiles, porque ellos se imaginan que serán oídos por su palabrería. Por tanto, no os hagáis semejantes a ellos; porque vuestro Padre sabe lo que necesitáis antes que vosotros le pidáis.*
>
> (Mateo 6:5–8)

Lo que sí se debe hacer y lo que no se debe hacer para orar

Jesús enseñó que cuando oramos, necesitamos mantener nuestro corazón puro y tener los motivos correctos:

- *No debes* orar sólo para ser visto de los demás.
- *No debes* usar "vanas repeticiones".

La oración es una comunicación personal entre tú y Dios. Cuando la gente ora sólo para presumir a los demás, acerca de la profundidad de su (espiritualidad), sin lugar a dudas, sus oraciones son impedidas, y carecen de efectividad. Los hipócritas son aquellas personas que dicen una cosa, pero hacen otra cosa diferente. Éste tipo de comportamiento es como aquella muchacha que estaba poseída con el espíritu de adivinación, y que siguió a Pablo por todos lados, de la cual ya leímos en el libro de Hechos capítulo 16. Ella parecía estar diciendo las cosas correctas, pero no las estaba diciéndolo motivada por las razones correctas o con el espíritu correcto.

Aquellas personas que hallan placer al tratar de probar su supuesta madurez espiritual, nunca se permiten a sí mismos, poder experimentar la pureza de las bendiciones de Dios, las cuales sólo pueden ser reveladas por medio de orar la voluntad de Dios con un corazón puro.

> *Codiciáis y no tenéis, por eso cometéis homicidio. Sois envidiosos y no podéis obtener, por eso combatís y hacéis guerra. No tenéis, porque no pedís. Pedís y no recibís, porque pedís con malos propósitos, para gastarlo en vuestros placeres.* (Santiago 4:2–3)

Por lo tanto, cuando oramos, no debemos preocuparnos acerca de lo que otras personas están haciendo o están pensando, y no debemos tratar de presumir o hacernos notar. Además de esto, no vamos a tratar de alcanzar a Dios, por medio de usar palabras muy adornadas o fórmulas de oración. Dios puede ver a la persona detrás de las palabras, y no nos juzga basados en lo elocuente de nuestras palabras. Tampoco debemos estar repitiendo necedades o cosas que no tengan sentido, sin pensar siquiera en lo que estamos hablando. Dios les responde a aquellos cuyos corazones son sinceros, y que tienen los intereses de Dios en su mente. Cuando Dios mandó a Samuel para que ungiera a un nuevo rey de Israel, de entre los hijos de Jesse, Samuel asumió que las cualidades para el reinado,

> *Dios responde al corazón sincero de aquellos, que tienen los intereses de Dios en mente.*

podrían ser reveladas a través de la estatura física. El estaba pensando desde un punto de vista terrenal. El Señor muy rápidamente tuvo que recordarle, que Él no había escogido a un hombre específico para que guiara al pueblo, debido a su apariencia externa, sino debido a la calidad del hombre interior.

> *Pero el Señor dijo a Samuel: No mires a su apariencia, ni a lo alto de su estatura, porque lo he desechado; pues Dios ve no como el hombre ve, pues el hombre mira la apariencia exterior, pero el Señor mira el corazón.* (1ª Samuel 16:7)

• *Debes* buscar un lugar privado, en donde puedas retirarte, a fin de poder tener comunión con Dios, para que de esta manera estés menos inclinado a sentir orgullo espiritual, o a buscar cualquier tipo de gloria para ti mismo ante los ojos de los demás.

- *Debes* reconocer que el Padre Celestial ya conoce tu necesidad, aún antes de que se la pidas.

Otra vez, el hecho de orar a Dios con un corazón sincero, en un lugar privado, te va a permitir cosechar la recompensa en público. Jesús advirtió a los discípulos que debían orar teniendo las intenciones correctas. Él también les enseñó que deberían confiar en la provisión de Dios. Dios está consciente de todas tus necesidades, de tal manera que puedes creer en Él, y puedes confiar en Él, para que provea todas tus necesidades en Su tiempo.

Un modelo para una oración efectiva

Tal y como hemos discutido anteriormente, muchos cristianos cometen el error de rendirse y no seguir esperando en Dios, justo antes de recibir sus milagros que vienen de Él. Para evitar que esto les sucediera a los discípulos, y para ayudarlos a mantener el enfoque y la perspectiva correcta, Jesús les dio el siguiente modelo para una oración efectiva, y para poder permanecer en la voluntad del Padre Celestial:

Vosotros, pues, orad de esta manera: "Padre nuestro que estás en los cielos, santificado sea tu nombre. Venga tu reino. Hágase tu voluntad, así en la tierra como en el cielo. Danos hoy el pan nuestro de cada día. Y perdónanos nuestras deudas, como también nosotros hemos perdonado a nuestros deudores. Y no nos metas en tentación, mas líbranos del mal. Porque tuyo es el reino y el poder y la gloria para siempre jamás. Amén." (Mateo 6:9–13)

Jesús les enseñó a Sus discípulos que deberían comenzar a orar, por medio de mostrar honor y respeto al Padres Celestial. *"Padre nuestro que estás en los cielos, santificado sea Tu nombre"* (favor de ver versículo 9). Siempre debes de tomar el tiempo necesario para adorar a Dios, antes de hacer cualquier petición. A través de toda la Palabra de Dios, la verdadera adoración atrae la presencia y el poder del Señor. Cada vez que adoramos a Dios, estamos siendo introducidos a Su presencia. En Primera de Crónicas 16:27 dice lo siguiente, *"Gloria y majestad están delante de El; poder y alegría en su morada"*. Todas aquellas personas que son adoradores de todo corazón, van a ser sobrecogidos por la gloria de Dios. En la santa presencia de Dios, no existe lugar ni para el orgullo, ni para el egoísmo.

"Venga tu reino. Hágase tu voluntad, así en la tierra como en el cielo" (Mateo 6:10). Orar por la voluntad de Dios significa pedir por aquello que ya ha sido hecho en el cielo, para que tenga su manifestación física sobre la tierra. Tú debes tener el mismo tipo de mente que Jesús tuvo: *"Diciendo: Padre, si es tu voluntad, aparta de mí esta copa; pero no se haga mi voluntad, sino la tuya"* (Lucas 22:42). Para poder tener este tipo de mentalidad, tienes que desarrollar un nivel de confianza y de fe en Dios, que afirme, que cualquiera que sea Su voluntad para ti vida, eso está bien.

Muchas veces, nos encontramos titubeantes para pedir por la voluntad de Dios, debido a que esto significa tener que rendir nuestro "control personal". Esto significa tener que depender totalmente de Dios para nuestra guía y dirección. Aún más importante, esto significa tener que rendir aquellas cosas que nuestra naturaleza carnal ama, a fin de poder descubrir lo que el Espíritu Santo tiene preparado para nosotros. Siempre necesitamos orar de acuerdo a la voluntad de Dios. De nuevo, muchas oraciones tal vez no van a ser contestadas, debido a que han sido hechas con objetivos egoístas o con intenciones pecaminosas.

Génesis 11:1 dice que muy temprano en la historia de la humanidad, *"la tierra tenía un solo lenguaje y hablaba las mismas palabras"*. Pero la gente intentó construir una torre que cuyo techo pudiera llegar a alcanzar hasta el cielo, sólo para levantar el orgullo personal de las gentes.

> *Y dijeron: Vamos, edifiquémonos una ciudad y una torre cuya cúspide llegue hasta los cielos, y hagámonos un nombre famoso, para que no seamos dispersados sobre la faz de toda la tierra.* (Génesis 11:4)

Debido a que la gente buscó sus propios propósitos egoístas, Dios tuvo que intervenir y confundir su lenguaje, de tal manera que ellos no pudieron entenderse unos a otros, sin importar la forma como hablaban. Esto apagó completamente su programa de construcción. Siempre es mucho mejor, primeramente consultar a Dios, en lugar de arriesgar desperdiciando el tiempo, construyendo algo que va a ir en contra de Su voluntad. *"Danos hoy nuestro pan cotidiano"* (Mateo 6:11). Sin importar que tantas dificultades estés atravesando, debes pedirle a Dios que supla continuamente tus necesidades diarias. Él ha prometido que a medida que somos generosos, y les compartimos a los demás, debido al amor que tenemos por Dios, Él va a suplir todo aquello que necesitamos. *"Y mi Dios proveerá a todas vuestras necesidades, conforme a sus riquezas en gloria en Cristo Jesús"* (Filipenses 4:19).

> *Debes orar para poder mantener el tipo de mentalidad correcto, mientras que estás confrontando algo malo, pero que parece ser muy deseable.*

Cuando oramos a Dios para que nos dé nuestro sustento diario, esto no sólo Le recuerda Su palabra, sino que también prepara el camino para que Su voluntad sea hecha en tu vida. La viuda que encontramos en 1ª Reyes capituló 17, pudo testificar el poder proveedor de Dios, de primera mano, después de haberle declarado al profeta Elías que ella estaba preparando la última comida para ella y para su hijo, y que estaban preparados para morir. Elías le profetizó a ella que sus provisiones nunca se iban a acabar y que *"La harina de la tinaja no se acabó ni se agotó el aceite de la vasija, conforme a la palabra que el Señor había hablado por medio de Elías"* (1ª Reyes 17:16).

"Y perdónanos nuestras deudas, como también nosotros hemos perdonado a nuestros deudores" (Mateo 6:12). ¿Cómo podemos esperar recibir

perdón de los demás, cuando nosotros mismos rehusamos operar en el perdón? Vamos a ver nuevamente este importante concepto en el siguiente capítulo. El hecho de mantener falta de perdón, es una herida que corroe la misma esencia del poder espiritual y de tu favor delante de Dios. En Mateo 18:23–35, Jesús contó la historia de un siervo que había sido perdonado de una deuda muy grande por su amo, que era el rey, pero más tarde, él no aplicó esa misma misericordia y perdón a su compañero consiervo. Por lo tanto, el perdón que el rey le había impartido fue cancelado. Cuando nosotros rehusamos perdonar a otros por sus pecados, nuestro Padre Celestial también rehúsa perdónarnos a nosotros.

Porque si perdonáis a los hombres sus transgresiones, también vuestro Padre celestial os perdonará a vosotros. Pero si no perdonáis a los hombres, tampoco vuestro Padre perdonará vuestras transgresiones.
(Mateo 6:14–15)

"Y no nos metas en tentación, mas líbranos del mal. Porque tuyo es el reino y el poder y la gloria para siempre jamás. Amén" (Mateo 6:13). Nunca te coloques en tal estado de comodidad, con relación a tu salvación, que llegues a sentir que ya nunca más puedes ser tentado. Muchas gentes se han encontrado a ellos mismos enredados en un mundo de engaño tan profundo, debido a este tipo de mentiras engañosas. Aunque el diablo está peleando fuertemente en contra de nuestro espíritu, nuestras más grandes batallas las encontramos dentro

de nosotros mismos. La fuerza que tiene la garra de la tentación, tiene su origen en nuestros propios deseos.

> *Que nadie diga cuando es tentado: Soy tentado por Dios; porque Dios no puede ser tentado por el mal y El mismo no tienta a nadie. Sino que cada uno es tentado cuando es llevado y seducido por su propia pasión. Después, cuando la pasión ha concebido, da a luz el pecado; y cuando el pecado es consumado, engendra la muerte. Amados hermanos míos, no os engañéis.*
> (Santiago 1:13–16)

Debes orar para que Dios te mantenga en el tipo de mentalidad correcto, cada vez que se te presente algo que es malo, pero que la apariencia se ve como algo muy deseable.

"Porque tuyo es el reino y el poder y la gloria para siempre jamás. Amén" (Mateo 6:13). El modelo de oración de Jesús comienza y termina honrando al Padre Celestial y afirmando el reino de Dios. Anteriormente en la oración, Jesús nos enseñó a orar, "Venga tu reino. Hágase tu voluntad, así en la tierra como en el cielo" (Versículo 10, se añadió énfasis). Siempre debemos recordar que el reino de Dios le pertenece sólo a Dios, y siempre debemos darle a Dios la honra que sólo Él merece.

MANTENIENDO UNA ACTITUD DE ORACIÓN

El pasaje final de la Escritura que tomamos de 1ª Tesalonicenses, nos ayuda a entender, cómo

113

poder mantener el tipo de mentalidad que nos ayude a orar continuamente. El apóstol Pablo escribió lo siguiente,

Estad siempre gozosos; orad sin cesar; dad gracias en todo, porque esta es la voluntad de Dios para vosotros en Cristo Jesús. No apaguéis el Espíritu; no menospreciéis las profecías. Antes bien, examinadlo todo cuidadosamente, retened lo bueno; absteneos de toda forma de mal.

(1ª Tesalonicenses 5:16–22)

"Regocijaos siempre"

¡Regocíjate! Normalmente encontramos muy fácil poder regocijarnos cuando todas las cosas van bien. Pero Pablo dijo que tenemos que regocijarnos siempre. Cada vez que tú estás encarando algo que significa un reto para ti, o algo que es muy traumático en tu vida, te puedes regocijar por medio de pensar y recordar alguna ocasión cuando Dios te liberó en el pasado, y pensar que tu situación presente también podría ser mucho peor, o la forma como Dios puede usar esta situación presente para tu bendición. *"Y sabemos que para los que aman a Dios, todas las cosas cooperan para bien, esto es, para los que son llamados conforme a su propósito"* (Romanos 8:28). A medida que tú piensas en estas cosas, debes comenzar a alabar a Dios por Su misericordia y por Su gracia. Cada vez que tú te sientes muy débil para orar, la alabanza puede ser tan poderosa como la oración misma. Vuelve a enfocar tu mente en la presencia y en el poder de Dios.

"Orar sin cesar"

Orar cuando todo va bien, te prepara para que puedas permanecer firme espiritualmente cuando las cosas van mal. Otra vez, "orar sin cesar" no significa que tú vas a estar orando en voz alta las 24 horas del día, sino que vas a permanecer

> *El hecho de orar cuando todo va bien, te prepara, para que puedas estar fuerte, cuando todas las cosas van mal.*

consciente de la presencia de Dios, y que vas a estar en comunión continua con Él, con una actitud de adoración, estando dispuesto a escuchar Su voz.

"Darle gracias a Dios por todas las cosas"

Debes darle gracias a Dios en todas las circunstancias, porque al hacer esto estás cambiando toda tu perspectiva:

> *Tú has cambiado mi lamento en danza; has desatado mi cilicio y me has ceñido de alegría; para que mi alma te cante alabanzas y no esté callada. Oh Señor, Dios mío, te alabaré por siempre.* (Salmo 30:11–12)

Mientras que en algunos asuntos necesitamos descubrir cuál es la voluntad de Dios para nuestra vida, siempre podemos saber que darle gracias a Dios, en todo tiempo, está de acuerdo a Su voluntad: *"Dad gracias en todo, porque **esta es la voluntad de Dios para vosotros en Cristo Jesús"** (1ª Tesalonicenses 5:18 se añadió énfasis). Dios ama cuando Le damos gracias por todas las bendiciones en nuestra vida. Cuando hacemos esto, estamos reconociendo que

> *Toda buena dádiva y todo don perfecto viene de lo alto, desciende del Padre de las luces, con el cual no hay cambio ni sombra de variación.* (Santiago 1:17)

Aunque Dios te da las habilidades para poder realizar ciertas tareas, y para poder aprender cosas nuevas, *"No te perteneces a ti mismo"* (1ª Corintios 6:19). Jesús dijo, *"Sin Mí, nada podéis hacer"* (Juan 15:5). Nunca debemos olvidar al Dios que nos bendice, ni siquiera, mientras gozamos de Sus bendiciones.

Honrando a Dios en todas las cosas

Las instrucciones de Pablo en el resto del pasaje, nos muestran cómo debemos mantener una estructura mental, para poder tener comunión con Dios, y poder recibir Su sabiduría y Sus bendiciones. Éstas instrucciones nos ayudan para poder honrar a Dios en todas las cosas.

"No contristéis al Espíritu Santo" (1ª Tesalonicenses 5:19). Cuando Dios nos habla a través de Su Espíritu Santo, tenemos que escuchar, y tenemos que obedecer con un corazón dócil y dispuesto. Nunca debemos ignorar o rechazar lo que Dios está diciendo, ni apagar el fuego de Su unción. En Efesios 4:30 dice, *"Y no entristezcáis al Espíritu Santo de Dios, por el cual fuisteis sellados para el día de la redención"*.

"No menospreciéis las profecías" (1ª Tesalonicenses 5:20). Cuando la verdad de Dios sale a la luz, debemos rendirnos y obedecerla.

"Antes bien, examinadlo todo cuidadosamente, retened lo bueno" (versículo 21). Es vital poder ser capaz de discernir la voz de Dios. De la misma manera como debemos escuchar la verdadera Palabra de Dios, también debemos rechazar todo aquello que no viene de Él. Cuando pensamos que estamos escuchando algo de Dios, o cuando estamos escuchando a otros profetizar, debemos probar todas esas ideas y palabras, por medio de compararlas contra la Palabra de Dios. Y todo aquello que es bueno debemos "retenerlo". Parte de "examinar todas las cosas cuidadosamente" consiste en discernir el espíritu o el motivo de una persona,

> *Debemos aprender a discernir los motivos de las personas, y no sólo escuchar lo que están diciendo.*

y no sólo recibir lo que esa persona está diciendo. El diablo sabe que no siempre puede impedir que la Palabra de Dios prevalezca, y por lo tanto, él va a intentar manipular los propósitos originales de Dios. Algunas veces, tú puedes encontrar a alguien que parece estar diciendo todas las cosas correctamente, pero que tiene los motivos e intenciones equivocados. Esta persona puede estar hablando como fruto del orgullo, o puede estar intentando manipular a los demás. Dos personas con motivos diferentes pueden estar diciendo la misma cosa pero provocando efectos diferentes—uno va a estar edificando, mientras que el otro va estar tratando de controlar y destruyéndolo todo.

"Absteneos de toda forma de mal" (versículo 22). Éste versículo nos recuerda una vez más que el hecho de estar en una correcta relación con Dios es

básico para poder escuchar Su voz. Debemos buscar los caminos de Dios, primeramente, y antes que cualquier otra cosa, y debemos enfocarnos y seguir buscando el reino de Dios.

Orando en el Nombre de Jesús

A medida que concluimos este capítulo, quiero enfatizar un elemento muy importante acerca de la oración. Jesús nos enseñó como orar al Padre Celestial en Su Nombre:

> *En verdad, en verdad os digo: el que cree en mí, las obras que yo hago, él las hará también; y aun mayores que éstas hará, porque yo voy al Padre. Y todo lo que pidáis en mi nombre, lo haré, para que el Padre sea glorificado en el Hijo. Si me pedís algo en mi nombre, yo lo haré.* (Juan 14:12–14)

> *Vosotros no me escogisteis a mí, sino que yo os escogí a vosotros, y os designé para que vayáis y deis fruto, y que vuestro fruto permanezca; para que todo lo que pidáis al Padre en mi nombre os lo conceda.* (Juan 15:16)

> *En aquel día no me preguntaréis nada. En verdad, en verdad os digo: si pedís algo al Padre, os lo dará en mi nombre. Hasta ahora nada habéis pedido en mi nombre; pedid y recibiréis, para que vuestro gozo sea completo.* (Juan 16:23–24)

Cuando oramos en el nombre de Jesús, estamos orando en Su autoridad. El desea que nosotros podamos recibir la respuesta para nuestras oraciones, a medida que oramos de acuerdo a Su voluntad. Debes notar que cuando hacemos nuestras peticiones en el nombre de Jesús, debemos orar con fe. Nuestra vida también debe estar produciendo fruto piadoso por medio de mantener y llevar a cabo en nosotros, la naturaleza y las obras de Jesús. A medida que participamos en la obra de Dios en el mundo, y a medida que oramos al Padre en el nombre de Jesús, vamos a recibir todo aquello que hemos pedido, ¡y vamos a ser llenos de gozo!

Una total dependencia de Dios

Todos estos pasajes de las Escrituras nos dan una gran visión interior, y nos instruyen con relación a la forma en que debemos acercarnos a Dios, y la manera en que Él desea que nosotros oremos. A medida que tú sigues estos modelos en tu vida de oración, vas a ser capaz de tener comunión con el Padre Celestial, y de convertirte en un valioso instrumento por medio de la oración. En todo lo que tú hagas, debes mantener los motivos correctos, y debes depender en el Señor Jesucristo, a fin de poder recibir Su entendimiento. Jesús recibe nuestra completa dependencia en Él como una forma de adoración.

Capítulo 6

VENCIENDO OBSTÁCULOS PARA LAS RESPUESTAS DE LAS ORACIONES

E n este capítulo, vamos a explorar los obstáculos más importantes que nos impiden tener comunión con Dios, y que obstruyen nuestras oraciones, para que éstas no sean contestadas. También, vamos a ampliar algunos de los temas que tocamos en el capítulo anterior con relación a acercarnos a Dios en oración.

LA FALTA DE UN CORAZÓN PURO

El primer impedimento que encontramos es la falta de un corazón puro. La Escritura dice lo siguiente,

> *¿Quién subirá al monte del Señor? ¿Y quién podrá estar en su lugar santo? El de manos limpias y corazón puro; el que no ha alzado su alma a la falsedad, ni jurado con engaño. Ese recibirá bendición del Señor, y justicia del Dios de su salvación.* (Salmo 24:3–5)

> *Como hijos obedientes, no os conforméis a los deseos que antes teníais en vuestra*

ignorancia, sino que así como aquel que os llamó es santo, así también sed vosotros santos en toda vuestra manera de vivir; porque escrito está: Sed santos, porque Yo soy santo. (1ª Pedro 1:14–16)

Tener un corazón puro no significa que tú nunca vas a tener luchas con pecados y con debilidades. Primera de Juan 2:1–2 dice lo siguiente, *"Hijitos míos, os escribo estas cosas para que no pequéis. Y si alguno peca, Abogado tenemos para con el Padre, a Jesucristo el justo. El mismo es la propiciación por nuestros pecados, y no sólo por los nuestros, sino también por los del mundo entero".* Cuando pecamos, podemos orar al Padre Celestial pidiéndole perdón, en base al sacrificio que Jesús hizo en la cruz por nosotros. Podemos recibir la ayuda de Dios para nuestras luchas personales. Acudir a Dios con un corazón puro significa que tú has pedido perdón por tus pecados, y que tus intenciones están sin engaño y sin amargura alguna. *"¡Cuán bienaventurado es el hombre a quien el Señor no culpa de iniquidad, y en cuyo espíritu no hay engaño!"* (Salmo 32:2).

Deshonestidad ante Dios

La falta de un corazón puro puede ser manifestado en forma de deshonestidad ante Dios. Cuando las gentes que amamos nos mienten o tratan de engañarnos, frecuentemente nos decimos a nosotros mismos, "cuánto hubiera yo deseado, que él o ella fuera honesto u honesta conmigo". Tú sabes ellos están ocultando cosas, y que están cubriendo muchas otras, pero aun así todavía deseas que ellos se abran, y sean honestos y verdaderos. Dios siente acerca de nosotros, de la misma manera como nosotros sentimos acerca de los demás.

Imagínate que has tenido un médico familiar chapado a la antigua, y que te ha tratado durante muchos años, que conoce muy bien tu historial médico, tanto físico como mental. Un día, tú vas a visitarlo y niegas completamente todos los años de tu historial médico ante él. Tu médico familiar ciertamente va a cuestionar los motivos, pero él también va a tener una seria interrogante acerca de tu salud mental, porque tú vas a estar negando realidades y hechos que son obvios. Esto es el equivalente de lo que hacemos, cuando vamos delante de Dios negando el pecado y los lugares oscuros que tenemos en nuestra vida.

> *Un corazón puro significa, que tú has sido perdonado, y que tus intenciones se encuentran sin engaño y sin amargura alguna.*

El apóstol Juan escribió,

Si decimos que tenemos comunión con El, pero andamos en tinieblas, mentimos y no practicamos la verdad....Si decimos que no tenemos pecado, nos engañamos a nosotros mismos y la verdad no está en nosotros.

(1ª Juan 1:6, 8)

El único camino para poder tener un corazón puro es decirle a Dios toda la verdad: "Dios, aquí estoy enfrente de Ti. Soy un mentiroso. Soy un pecador.

Hice todas estas cosas malvadas, y necesito que Tú me liberes, en el Nombre de Jesús. Quiero ser real y verdadero Contigo, y quiero que quites de mi todo este pecado y toda esta rebeldía. Por favor perdóname y ayúdame a vivir de acuerdo a Tu naturaleza".

Cubriendo nuestra verdadera naturaleza

Jesús se estaba refiriendo a la pureza de corazón cuando Él reprendió a los fariseos en Mateo 23:26, *"¡Fariseo ciego! Limpia primero lo de adentro del vaso y del plato, para que lo de afuera también quede limpio!"* Muy frecuentemente, todos nosotros intentamos en vano limpiar las cosas externas, a fin de cubrir todo aquello que se encuentra dentro. Nos gusta vernos bien ante los demás, y aún delante de Dios, pero nunca vamos a poder esconder nuestra verdadera naturaleza de Él.

> *En cuanto a ti, Salomón, hijo mío, reconoce al Dios de tu padre, y sírvele de todo corazón y con ánimo dispuesto; porque el Señor escudriña todos los corazones, y entiende todo intento de los pensamientos.*
> (1ª Crónicas 28:9)

> *Lámpara del Señor es el espíritu del hombre que escudriña lo más profundo de su ser.*
> (Proverbios 20:27)

Mientras Jesús lavaba los pies de Sus discípulos, Él estuvo enseñándoles acerca de la limpieza espiritual, y acerca de la suciedad espiritual:

> *Luego echó agua en una vasija, y comenzó a lavar los pies de los discípulos y a secárselos*

con la toalla que tenía ceñida. Entonces llegó a Simón Pedro. Este le dijo: Señor, ¿tú lavarme a mí los pies? Jesús respondió, y le dijo: Ahora tú no comprendes lo que yo hago, pero lo entenderás después. Pedro le contestó: ¡Jamás me lavarás los pies! Jesús le respondió: Si no te lavo, no tienes parte conmigo. Simón Pedro le dijo: Señor, entonces no sólo los pies, sino también las manos y la cabeza. Jesús le dijo: El que se ha bañado no necesita lavarse, excepto los pies, pues está todo limpio; y vosotros estáis limpios, pero no todos. Porque sabía quién le iba a entregar; por eso dijo: No todos estáis limpios. (Juan 13:5–11)

El Comentario Bíblico de Wycliffe explica acerca de este evento,

El acto de lavar los pies fue un símbolo de la limpieza interior...El lavamiento de la regeneración lo hace a uno completamente limpio ante los ojos de Dios. Esto está simbolizado en el bautismo cristiano... la limpieza subsecuente de las manchas de maldad no es un sustituto para la limpieza inicial, pero solamente encuentra significado ante la luz de la primera.[4]

El sacrificio de Jesús nos trae un perdón completo y una reconciliación total con el Padre Celestial.

---

[4] Charles F. Pfeiffer y Everett F. Harrison, eds., *The Wycliffe Bible Commentary* (Chicago: Moody Press, 1962), 1102.

Pero aún seguimos necesitando el continuo perdón y la limpieza continua para los pecados que cometemos, de tal manera que podamos mantenernos en comunión con Dios. 1ª Juan 1:9 dice lo siguiente, *"Si confesamos nuestros pecados, El es fiel y justo para perdonarnos los pecados y para limpiarnos de toda maldad"*.

Negando nuestra verdadera condición

Muy frecuentemente es muy difícil para nosotros poder aceptar la verdad, con relación a nuestra condición espiritual, y con relación a la suciedad que todavía encontramos dentro de nosotros, incluso cuando esto está siendo señalado por el Dios que todo lo sabe—Jesucristo Mismo. Éste fue el problema que tuvo Pedro en Marcos capítulo 14. Cuando Jesús le advirtió a Pedro acerca de que él lo iba a negar, Pedro contestó, *"Aunque tenga que morir contigo, no te negaré. Y todos decían también lo mismo"* (Marcos 14:31). La verdad ya había sido revelada por Jesús. Sin embargo, después de que Jesús fue arrestado y llevado por los soldados a la casa del sumo sacerdote para ser juzgado, Pedro intentó meterse a ese lugar sin ser notado, caminando por los patios de la casa, a medida que esperaba ver lo que iba a suceder. Después de que fue visto e identificado por una muchacha sirviente y por otros, como uno de los discípulos de Jesús, él respondió muy enojado, *"¡Yo no conozco a este hombre de quien habláis!"* (versículo 71). Tres veces, Pedro negó a Jesús antes de que cantará el gallo dos veces, justamente como Jesús lo había predicho. (Favor de haber Marcos 14:66–72).

El Espíritu Santo nos limpia

Todos los discípulos de Jesús, o Lo negaron o Lo abandonaron (Judas fue mucho más allá y de hecho Lo traicionó). Pero, después de que Jesús se levantó de entre los muertos, Él les dio a los once discípulos restantes el don del Espíritu Santo. ¿Por qué? Jesús sabía que todos ellos necesitaban el Espíritu Santo dentro de ellos, para ayudarles a vencer su naturaleza pecaminosa. Pablo escribió,

> Y esto erais algunos de vosotros; pero fuisteis lavados, pero fuisteis santificados, pero fuisteis justificados en el nombre del Señor Jesucristo y en el Espíritu de nuestro Dios.
> (1ª Corintios 6:11)

El Espíritu Santo viene y nos limpia por dentro, capacitándonos, a fin de que nos convirtamos en testigos efectivos para Cristo Jesús. Jesús les dijo a Sus discípulos,

> Jesús entonces les dijo otra vez: Paz a vosotros; como el Padre me ha enviado, así también yo os envío. Después de decir esto, sopló sobre ellos y les dijo: Recibid el Espíritu Santo.
> (Juan 20:21–22)

> Pero recibiréis poder cuando el Espíritu Santo venga sobre vosotros; y me seréis testigos en Jerusalén, en toda Judea y Samaria, y hasta los confines de la tierra.
> (Hechos 1:8)

La gente ya no te va a ver solamente a ti, sino que también van a ver al Espíritu Santo de Dios, que va a estar brillando a través de tu propio espíritu.

Dios busca verdaderos adoradores que lo adoren en espíritu y en verdad:

> *Pero la hora viene, y ahora es, cuando los verdaderos adoradores adorarán al Padre en espíritu y en verdad; porque ciertamente a los tales el Padre busca que le adoren. Dios es espíritu, y los que le adoran deben adorarle en espíritu y en verdad.*
> (Juan 4:23–24)

> *Bienaventurados los de limpio corazón, pues ellos verán a Dios.* (Mateo 5:8)

¿Por qué esconder tus debilidades de Aquel que es el Médico Perfecto para todas las cosas? Nunca las cubras; deja que Jesús las quite de ti. Dile a Jesús, "Señor, lo único que he estado haciendo son actos religiosos, en lugar de desarrollar una verdadera relación Contigo. Tengo odio, amargura, y falta de perdón en mi corazón. Libérame para que yo ya no sea controlado por esta naturaleza pecaminosa, y hazme completamente

> *A través del Espíritu de Dios, podemos hacer a un lado nuestra naturaleza pecaminosa, y podemos abrazar la naturaleza de Dios.*

libre, en el Nombre de Jesús". *"Porque si vivís conforme a la carne, habréis de morir; pero si por el Espíritu hacéis morir las obras de la carne, viviréis"* (Romanos 8:13).

Pídele al Padre Celestial que te bautice con Su Espíritu Santo, y yo te garantizo que Él va a comenzar a limpiarte y a guiarte. *"El os bautizará con el Espíritu Santo y con fuego"* (Mateo 3:11; Lucas 3:16). *"Porque nuestro Dios es fuego consumidor"* (Hebreos 12:29). El fuego de Dios es purificador; purifica y limpia. El Espíritu Santo es un don para todos nosotros. A través de la obra del Espíritu de Dios en nosotros, podemos identificar y hacer a un lado nuestra naturaleza pecaminosa, y tomar la naturaleza de Dios a cambio.

> *Escudríñame, oh Dios, y conoce mi corazón; pruébame y conoce mis inquietudes. Y ve si hay en mí camino malo, y guíame en el camino eterno.* (Salmo 139:23–24)

> *Sed, pues, imitadores de Dios como hijos amados;* (Efesios 5:1)

Cuando tienes un corazón puro, tú puedes ir ante Dios y decirle, "Padre Santo, en el nombre de Jesús, bendice a mi esposa y a mis hijos; yo también te necesito el día de hoy", y Dios te va a escuchar, y va a comenzar a enviar Sus ángeles para contestar tus peticiones. Es muy importante tener un canal limpio para comunicarse con Dios, porque la oración es donde Dios se revela y te da las respuestas que estás buscando.

Por años, yo he podido experimentar respuestas de Dios, las cuales vienen a través de la oración. A través de mis dieciséis años de predicar el Evangelio de Cristo Jesús, he podido visitar 85 naciones, pidiéndole a Dios, y orando a El en busca de respuestas. Como resultado de estas experiencias milagrosas, he podido descubrir una verdad que es extremadamente importante: cuando buscamos a Dios y somos reales ante Él, evaluándonos honestamente delante de Él, y admitiendo la verdad acerca de nosotros, y cuando Le pedimos Su ayuda, Él nos va a guiar en el camino correcto, y nos va dar las respuestas que necesitamos. Cuando tú comienzas a reconocer esta verdad, y buscas a Dios, y le confiesas todas tus faltas y problemas, a Él le va encantar recibirte. De la misma forma como los padres en el mundo natural se sienten orgullosos cuando sus hijos les dicen la verdad, igualmente sucede con nuestro Padre Celestial cuando nos acercamos a Él con sinceridad y pureza de corazón.

> *El amor, la compasión, y la justicia son el corazón de la ley.*

> *Pedid, y se os dará; buscad, y hallaréis; llamad, y se os abrirá. Porque todo el que pide, recibe; y el que busca, halla; y al que llama, se le abrirá.* (Mateo 7:7–8)

IGNORANDO "LOS ASUNTOS DE MAYOR IMPORTANCIA"

El libro de Isaías abre con una situación en la cual Dios rehúsa recibir las oraciones y los sacrificios del pueblo de Israel. ¿Cual es la razón? Ellos no estaban buscando a Dios verdaderamente. Al contrario, ellos sólo estaban observando ritos religiosos y presentando "sacrificios inútiles", mientras que al mismo tiempo estaban ignorando las necesidades de todos aquellas otras personas alrededor de ellos—los huérfanos, las viudas, y muchos otros en su sociedad, que no estaban recibiendo la justicia que necesitaban. El Señor les dijo,

> No traigáis más vuestras vanas ofrendas,
> el incienso me es abominación. Luna nueva
> y día de reposo, el convocar asambleas: ¡no
> tolero iniquidad y asamblea solemne! Vuestras lunas nuevas y vuestras fiestas señaladas las aborrece mi alma; se han vuelto
> una carga para mí, estoy cansado de soportarlas. Y cuando extendáis vuestras manos,
> esconderé mis ojos de vosotros; sí, aunque
> multipliquéis las oraciones, no escucharé.
> Vuestras manos están llenas de sangre.
> (Isaías 1:13–15)

Este pasaje es muy parecido a las declaraciones que Jesús hizo a los fariseos, que se enfocaban más en los ritos religiosos que en el amor, compasión, justicia hacia los demás, lo cual es el corazón de la ley.

> ¡Ay de vosotros, escribas y fariseos, hipócritas!, porque pagáis el diezmo de la menta,
> del eneldo y del comino, y habéis descuidado los preceptos de más peso de la ley:
> la justicia, la misericordia y la fidelidad; y
> éstas son las cosas que debíais haber hecho,
> sin descuidar aquéllas.   (Mateo 23:23)

Tal y como vamos a discutir más ampliamente en el siguiente capítulo, Dios quiere una vida sacrificada—un tipo de vida que esté totalmente sometido a El, y que no se enfoque solamente en ritos religiosos, o para meramente satisfacer tus propios deseos egoístas a expensas de otras personas. Cuando nos involucramos en este tipo de prácticas, Dios va a rechazar "nuestros sacrificios", e incluso, va a cerrar Sus oídos a nuestras oraciones. El pueblo de Israel hizo enojar a Dios, por medio de buscar respuestas de El, pero sin tener la intención de dejar sus malos caminos. El Señor les advirtió que deberían dejar su maldad, y que en lugar de ello, deberían buscar hacer justicia a los demás.

> *Lavaos, limpiaos, quitad la maldad de vuestras obras de delante de mis ojos; cesad de hacer el mal, aprended a hacer el bien, buscad la justicia, reprended al opresor, defended al huérfano, abogad por la viuda. Venid ahora, y razonemos—dice el Señor—aunque vuestros pecados sean como la grana, como la nieve serán emblanquecidos; aunque sean rojos como el carmesí, como blanca lana quedarán.* (Isaías 1:16–18)

Enojo y falta de perdón

En el último capítulo pudimos discutir acerca de la falta de perdón, mientras miramos el modelo de Jesús para la oración. Esta área es tan importante, que es digna de revisarla una y otra vez. Supongo que tú le dices a Dios, "Señor, Tú sólo estás a una oración de distancia, y yo necesito que Tú contestes mis peticiones", pero en tú corazón y en tu mente tienes odio hacia tu vecino. O tal vez tú estás aferrándote a la amargura, debido a algo que sucedió hace quince años. Tú le estás pidiendo a Dios que bendiga a tu marido, a tus hijos, a tus vecinos, pero detrás de todo ello existe un volcán de enojo, con el cual nunca has tratado.

> *Si tú estás albergando falta de perdón y resentimiento en tú corazón, debes pedirle a Dios, que te libere en el Nombre de Jesús.*

Varias semanas antes de que yo tuviera mis primeras visiones del infierno, Dios comenzó a quitarme las cáscaras espiritualmente, como si yo fuera un plátano. Él me dijo que yo tenía que perdonar a cualquiera contra quien yo tuviera falta de perdón o resentimientos. Yo no podía recibir las revelaciones de Dios, sin primero tener que tratar con estas cosas. Esto puede parecer algo sin importancia, pero yo incluso, tuve que perdonar a un vendedor de quien había comprado una alfombra. El tomó mi dinero pero nunca me entregó la mercancía, y estuve furiosa con él durante mucho tiempo. Pero esto me estaba afectando espiritualmente.

Además de esto, en ese entonces, estaba casada con mi primer marido, y era muy dura con él, debido a que yo no lo entendía. Por ejemplo, algunas veces él se tomaba una cerveza con sus amigos, y en lugar de que yo le ministrara con amor, de inmediato, yo comenzaba a atacarlo por ello. Yo era tan religiosa, y yo pensaba que mis acciones podrían hacer que él se fuera al infierno, y por eso, yo solía abrir la Biblia y leerle pasajes de la Escritura. El era un muy buen hombre, pero yo todavía tenía que aprender bastante acerca de la misericordia de Jesús, y tuve que aprender esto a base de golpes.

Yo no estoy haciendo propaganda a favor de beber cerveza, pero he mencionado este incidente, para poder apuntar el hecho de que las gentes están atravesando todo tipo de cosas en sus vidas, y a medida que ellos tratan de salir de ellas, no necesitan que nosotros estemos dándoles de golpes con la Biblia en su cabeza, tal y como yo lo hice con mi ex marido. (Favor de ver 1ª de Pedro 3:1–4). Dios en verdad tuvo que podarme y cortar cosas de mi, porque yo era tan, pero tan religiosa. De hecho, Él tuvo que poner mis pies nuevamente sobre la tierra. Después de seis meses de preparación, Dios me reveló, "te estoy preparando para llevarte en un viaje, y cuando tú vayas en ese viaje, tú debes estar completamente rendida hacia Mi. Tú tienes que poder entender que todo lo que te voy a mostrar es real".

Pero, de nuevo, primeramente, yo tenía que tratar con la falta de perdón y con los resentimientos de mi corazón.

Jesús dijo,

Por tanto, si estás presentando tu ofrenda en el altar, y allí te acuerdas que tu hermano tiene algo contra ti, deja tu ofrenda allí delante del altar, y ve, reconcíliate primero con tu hermano, y entonces ven y presenta tu ofrenda. (Mateo 5:23–24)

Si tú tienes amarguras o falta de perdón, o resentimientos en tú corazón, debes decírselo al Padre Celestial, y debes pedirle que te libere en el nombre de Jesús. Debes orar para que el amor de Dios te llene, y que pueda convertirte en un vencedor, en todas y cada una de las áreas de tu vida.

Orgullo

Una de las ataduras autodestructivas más grandes es el orgullo, lo cual hicimos notar en esta discusión acerca de cómo acercarnos a Dios. El engaño mortal del orgullo limita tu crecimiento, para todo aquello que puede ser obtenido sólo por medio del ingenio y capacidad humanos, e impide que puedas admitir tus propios errores, y tomar la iniciativa, para poder cambiarlos, y aún te impide poder orar a Dios por ellos.

El orgullo fue el punto débil del rey Saúl, y ha sido el tendón de Aquiles detrás de la caída de muchos grandes hombres y mujeres, a través de toda la historia. Después de la continua desobediencia de Saúl, el Espíritu del Señor se apartó de él. Al ver que Dios ya no le hablaba y que ya no contestaba sus oraciones, Saúl decidió pedir consejo a una médium para invocar al espíritu de Samuel buscando que le diera guía en su vida. (Favor de ver 1ª Samuel 28). ¿Qué final tan diferente hubiera tenido esta historia, si Saúl se hubiera arrepentido delante de Dios con un corazón sincero, y entonces hubiera orado pidiendo dirección con relación a la batalla que tenía pendiente en contra de los filisteos? Pero al contrario, Saúl se fue a la batalla, y después de ser herido, cometió suicidio por medio de caer sobre su propia espada. (Favor de ver 1ª Samuel 31).

El orgullo dice, "no admitas tus errores. Esto va a hacer que te sientas humillado. Al contrario, debes continuar rigiendo como si tú supieras lo que estás haciendo, y no debes permitirle a nada ni a nadie que te convenza para cambiar".

> *Rendirse muy rápidamente en la oración, te roba el privilegio de poder testificar el poder y las bendiciones de Dios en tu vida.*

A medida que tú asientes tu cabeza, poniéndote de acuerdo con esta declaración, el orgullo, en forma sutil y gradual, te lleva hacia una caída trágica. (Favor de ver proverbios 16:18). Proverbios 11:2 revela que aquella misma cosa que los individuos orgullosos están tratando de evadir—que es la vergüenza—es lo que eventualmente están atrayendo a sí mismos: *"Cuando viene la soberbia, viene también la deshonra; pero con los humildes está la sabiduría"*. El orgullo no deja lugar para el crecimiento, y apaga totalmente a la sabiduría. No tiene paciencia alguna, y es muy rápido para hacer decisiones sin consultar primeramente a Dios. El éxito de la oración depende en la persistencia y en el poder de Dios. Rendirse muy rápidamente te va a robar la experiencia de poder testificar del poder de Dios, y de poder gozar de Sus bendiciones milagrosas.

FALTA DE CRECIMIENTO ESPIRITUAL

Una atadura final es la falta de crecimiento espiritual, lo cual puede derivarse de la apatía espiritual.

A medida que tú creces en el entendimiento de Dios y de Sus caminos, y que aplicas Su Palabra con fe, obedeciendo a Dios, es que vas a experimentar más poder en la oración. Es muy importante que sepas que el poder que Dios quiere darte, es la habilidad para ser libre de los hábitos pecaminosos, y no tener que rendirte a la tentación, así como el poder para que puedas trabarte en combate y guerra espiritual en contra del diablo.

Cuando tú naces de nuevo y te conviertes en un nuevo cristiano, hay muchas cosas que Dios conoce, las cuales tú no estás listo para poder digerir espiritualmente. Un bebé recién nacido tiene que ser alimentado con leche durante un buen tiempo. El tiene que ser cambiado, cargado, tiene que ser amado, y motivado. Esta es la misma forma como Dios te trata a ti y a mi. Él nos cuida y nos protege hasta que somos renovados por Su Palabra, y que podemos convertirnos en siervos maduros para Él.

> *Desead como niños recién nacidos, la leche pura de la palabra, para que por ella crezcáis para salvación,* (1ª Pedro 2:2)

> *Porque todo el que toma sólo leche, no está acostumbrado a la palabra de justicia, porque es niño. Pero el alimento sólido es para los adultos, los cuales por la práctica tienen los sentidos ejercitados para discernir el bien y el mal.* (Hebreos 5:13–14)

Algunas veces, puede parecer que mientras más creces en la Palabra de Dios, más retos tienes que enfrentar y confrontar en tu vida. Esto simplemente significa que tu crecimiento espiritual te está dando la habilidad para poder retener la carne fuerte de la Palabra de Dios, y un sentido agudo para poder discernir entre el bien y el mal. Santiago escribió, *"Tened por sumo gozo, hermanos míos, el que os halléis en diversas pruebas, sabiendo que la prueba de vuestra fe produce paciencia"* (Santiago 1:2–3). Esto también te está permitiendo crecer mucho más. *"Todo sarmiento que en mí no da fruto, lo quita; y todo el que da fruto, lo poda para que dé más fruto"* (Juan 15:2). ¡Gózate en todo esto!

Dios es Todopoderoso y Santo, y es solamente a través de Cristo Jesús que tú puedes ser reconciliado con Él, y que puedes nacer para la vida eterna. Y solamente a través de esta reconciliación, es que tú puedes crecer espiritualmente y tener una vida efectiva de oración.

> *Debes correr hacia Dios en tiempos de tribulación, en lugar de tratar de esconderte de Su presencia.*

Esta es la razón por la cual yo quiero preguntarte una vez más, ¿ya has nacido de nuevo? Si no lo has hecho, debes arrepentirte de tus pecados, recibir el perdón a través del sacrificio que Cristo Jesús hizo en la cruz por ti, y debes comenzar a vivir una vida que esté totalmente entregada a Dios. Si tú cometes errores, tal y como todos los cometemos, y si tú caes, debes arrepentirte rápidamente en el Nombre de Jesús, volver a levantarte, y seguir viviendo una vida completamente entregada a Dios. Tú debes creer que Cristo Jesús murió en la Cruz, derramó

Su sangre por ti, y entregó Su vida por ti en sacrificio. Cuando tú le pides a Cristo Jesús que entre en tú corazón, que salve tu alma, y que perdone todos tus pecados, tú estás naciendo otra vez a través del Espíritu del Dios Viviente. El te limpia de tus pecados y te hace completamente nuevo. *"De modo que si alguno está en Cristo, nueva criatura es; las cosas viejas pasaron; he aquí, son hechas nuevas"* (2ª Corintios 5:17).

La Biblia dice,

Dios no es hombre, para que mienta, ni hijo de hombre, para que se arrepienta. ¿Lo ha dicho El, y no lo hará?, ¿ha hablado, y no lo cumplirá? (Números 23:19)

Dios va a hacerlo tal y como Él te lo ha prometido. Por lo tanto, los nuevos cristianos y los cristianos maduros igualmente, todos necesitamos recordar que cuando entramos en este pacto con Dios, somos hechos una nueva creación en Cristo Jesús. El te va a ayudar para que puedas vencer los obstáculos y las tentaciones que estás enfrentando. El te va a dar la leche de Su Palabra, y entonces, a medida que tu maduras más, Él te va a dar la comida sólida de la Palabra de Dios. A medida que tú lees y estudias la Biblia, y a medida que tú te sometes a la obra del Espíritu Santo en tu vida, tu vas a ser más y más fuerte en el Señor.

De nuevo, tal vez vas a cometer errores, pero los errores son parte del proceso de crecimiento y aprendizaje. A medida que tú creces, tú vas a pensar que lo sabes todo, cuando en realidad no sabes nada. Vas a caer sobre tu rostro muchas veces. Esto lo hace un bebé en el mundo natural, que se cae una y otra vez, pero sigue intentando levantarse, hasta que él adquiere la habilidad de poder caminar sin tambalearse.

Algunas veces Dios va a amortiguar tus caídas, y en otras ocasiones, te va a permitir caer, para que puedas aprender de todas estas caídas y moretones. Pero Él siempre te va a sacudir el polvo y te va a ayudar para que puedas levantarte otra vez. Debes correr a Dios en tiempos de tribulación, en lugar de tratar de esconderte de Su presencia. A través de toda nuestra vida, vamos a tener que enfrentar muchas tribulaciones (favor de ver, Job 14:1; Juan 16:33), pero Dios es capaz, y está dispuesto a librarnos de todas ellas, si sólo somos capaces de darnos cuenta, que Él, ¡sólo está a una oración de distancia!

La mejor defensa en contra de las ataduras

Mientras más tú busques el rostro de Dios y sigas Sus instrucciones, más vas a poder ver la manifestación de Su liberación y de Su poder obrando a favor tuyo. Pero tú debes permanecer diligente buscándolo a Él y nunca rendirte. Debes darle a Dios el primer lugar en tu vida, para que tu vida no sea consumida por las crisis, sin que tú tengas ninguna revelación o idea, de cómo poder escapar de ellas.

La mejor defensa en contra de las manifestaciones futuras de la naturaleza pecaminosa, y de los ataques del diablo, es hacer tiempo ahora mismo, para tener comunión con Dios. Entonces, cuando todas estas cosas aparecen, tú ya has obtenido la revelación que necesitas acerca de cómo derrotarlas, por medio de leer las Escrituras, y por medio de la oración, En lugar de llenarte de pánico, tú te vas a levantar en valentía, y las vas a confrontar con la Palabra de Dios. Si tú no aprendes cómo hacer esto, todas ellas van a seguir desestabilizando tu vida y apartando tu atención de las cosas de Dios.

¿Alguna vez has conocido personas que se mueven de un trabajo a otro una y otra vez? Ellos comienzan un nuevo trabajo constantemente, cada vez que surge un conflicto, porque ellos no han podido dominar el arte de resolución de conflictos. El mismo resultado puede ocurrir espiritualmente en tú vida cotidiana. Cuando tú fracasas al ser entrenado en tu control personal y en la guerra espiritual, a través de la Palabra de Dios y del poder de la oración, tú vas a estar huyendo continuamente de tus batallas, en lugar de tomar el tiempo para ganarlas. Continuamente te vas a encontrar peleando batallas perdidas, en lugar de trabarte *"en la buena batalla de la fe"* (1ª Timoteo 6:12).

Cuando tú tratas continuamente de componer las cosas con tus propias fuerzas, y sin la ayuda de Dios, tú te vas a frustrar, a fatigar, y te vas a desgastar totalmente. Esto va a causar que tú te rindas eventualmente. Tú comienzas a aceptar cosas en tu carácter, las cuales tú podías haber podido cambiar. O también, te conformas y terminas con recibir cualquier cosa que el diablo te arrojé como si fuera tu "situación normal en la vida". Tú llegas a aceptar la mediocridad como tu forma de vida, en lugar de verla como otro obstáculo más, siendo que tienes el poder de vencerlo por medio de Cristo Jesús.

El obispo Bloomer contó lo siguiente:

> En una ocasión tuve un sueño donde fui arrebatado por el Espíritu Santo, y fue llevado a lo que yo creo es el cielo. Estaba yo parado en un balcón, y el ángel del Señor me dijo, "este es el *balcón de las edades*". Yo miré por encima del balcón, y parecía que había miles de escalones que llevaban a una gran montaña. En los escalones había paquetes envueltos en papel muy hermoso—como si fueran regalos de Navidad, cumpleaños, o de aniversario, envueltos en papel muy especial. Algunos de los paquetes eran enormes pero otros eran tan pequeños como un anillo de diamantes. El ángel en el balcón explicó que estos paquetes son los dones que Dios tiene para la humanidad, pero debido a que nos perdemos la oportunidad de orar, Dios no ha podido dárnoslos.

> Y en esa visión, Dios comenzó a platicarme al oído en un lenguaje que mis oídos físicos no podían entender, pero mi espíritu si era capaz de comprenderlo. Ya he explicado que cuando oramos, deberíamos orar por la impartición de todo aquello que Dios tiene para nosotros, y deberíamos de dejar de conformarnos con la mediocridad.

El apóstol Juan escribió en 3ª de Juan 2, *"Amado, ruego que seas prosperado en todo así como prospera tu alma, y que tengas buena salud".* Pero existen fuerzas satánicas que vienen a atacar nuestra prosperidad.

Mientras más tiempo pases más tú con Dios, y mientras más tiempo tengas para dedicarte a Su Palabra, menos tiempo vas a tener, para escuchar a tu naturaleza pecaminosa y a todas las mentiras del diablo.

El "demonio seductor"

Mucha gente no se da cuenta que la guerra espiritual está relacionada con poder vencer ciertas ataduras en su propia vida. Recientemente, yo me encontraba en una oración profunda, y en intercesión con algunos otros ministros que había invitado a mi casa. Estábamos buscando la guía de Dios para el año siguiente. El Espíritu del Señor cayó encima de mi, y comencé a ver una visión. Dios me llevó a un lugar boscoso donde había poderes demoníacos suspendidos en el aire. Eran los demonios más horribles que jamás he visto. Uno de ellos se veía que tenía una estatura de más de tres metros de altura, y en forma de anzuelo, similar a los anzuelos que se usan en la pesca. Tenía forma de serpiente, y sus ojos estaban mirando a todos lados, buscando por

> *Mientras más tiempo pasas con la Palabra de Dios, menos tiempo vas a tener para escuchar los engaños del diablo.*

una presa. Había otro demonio que estaba cubierto totalmente de pelos. Yo pude discernir qué se trataba de poderes seductores. Entonces, yo pude ver otros demonios que tenían forma de changos. Había todo tipo de actividades demoníacas presentes en ese momento.

A medida que los ministros y yo comenzamos a orar, pude ver que el Espíritu Santo vino como si fuera un diluvio. Realmente era como agua que estaba fluyendo y que lo llenaba todo a través de los valles, las montañas, y las colinas. Pero en esta manifestación del Espíritu del Señor había fuego, y el fuego comenzó a perseguir todas estas presencias malignas y a calcinarlas. Todas ellas se quemaron y se convirtieron en cenizas. Yo tuve todas estas visiones durante toda la noche mientras que me encontraba en oración y meditación.

Los demonios seductores, incluyendo este "gran demonio seductor", se encuentran por todo el mundo el día de hoy. Están incitando a todas las gentes para qué codicien, y deseen tener todas las cosas, excepto las cosas de Dios. Están seduciendo a las gentes hacia la rebeldía en contra de la voluntad de Dios. Por esto es que los creyentes debemos aprender cómo vencer por la Sangre del Cordero, y por la palabra de nuestro testimonio. (Favor de ver Apocalipsis 12:11).

Una vez que podemos reconocer las actividades de estos demonios, podemos tener más compasión por todas las gentes que están luchando para tratar de obedecer la voluntad de Dios. Podemos comenzar a ver que esto se trata de una actividad demoníaca que ha estado atando e impidiendo que muchas almas se salven. Muchas gentes no han nacido de nuevo porque, aunque esto es desconocido para ellos, todos estos poderes demoníacos los han seducido y los han apartado de Dios. Todas estas gentes no están conscientes de que han sido seducidas en una trampa, sino hasta el punto en que se encuentran completamente atrapados en ella. Es sólo a través de la gracia de Dios y de la Sangre de Cristo Jesús que pueden ser liberados de estos poderes seductores. Cuando yo pude ver la profundidad de este engaño, que todos estos espíritus seductores han ejercido sobre las gentes que no están conectadas a Dios, esto tocó mi alma muy profundamente y me movió a una compasión intensa por ellos.

Nunca apagues la voz "insistente" de tu conciencia, cuando estás siendo tentado a pecar.

Muy frecuentemente escuchamos que las gentes testifican, "Dios, ¡gracias por liberarme de una vida tan miserable llena de pecado!" Pero muy frecuentemente toda está miseria de pecado la llevamos hasta sus últimas consecuencias, a medida que nos hemos entregado a ella, y ha traído mucho placer a nuestra carne. Por esta razón es que se requiere del poder de Dios para liberar a muchas gentes de todas aquellas cosas que para ellos es imposible sacudir de sus vidas. Si el pecado no fuera algo placentero, el diablo no tendría nada con que poder tentarnos. El diablo sólo usa aquello que deseamos, y ese deseo se encuentra lleno de cosas que apetecen nuestra carne. Esto no sólo implica que todo deseo sea pecado, sino que toda tentación involucra el placer, porque sin no tuviéramos este deseo, no podríamos ser tentados.

Por ejemplo, si a ti no te gusta comer pescados y mariscos, no importa qué tan persistente sea el mesero en ofrecértelos, tú vas a continuar rechazándolos—incluso hasta el punto de disgustarte con su continua persistencia. Pero si tú eres una persona que es fanático de comer carnes, y el mismo mesero te ofrece un bistec de lujo, tus glándulas van a comenzar a salivar, aún antes de que él te lo traiga a la mesa. Sin importar las instrucciones que el doctor te haya dado, en contra de comer mucha carne roja, tú vas a comer tanto como tu apetito pueda aguantar, y te vas a conformar en tratar con las consecuencias de tu glotonería más tarde.

Muy frecuentemente esta es la forma como opera el pecado. Nosotros no solamente caemos en el pecado al azar, sino que somos atraídos hacia él, por nuestros propios deseos. Aún cuando sabemos las consecuencias que vamos a recibir, muy frecuentemente apagamos esa voz "insistente", que llamamos conciencia, a cambio de tener la oportunidad de sumergirnos en todos esos deseos "irresistibles".

Éste es el mismo proceso que convierte el hábito de una adicción, en una garra tan posesiva—puesto que es el deseo sobrecogedor que el apetito ha desarrollado por la sustancia adictiva. Si un adicto no es liberado, él se convierte en un esclavo de su dios, que es el objeto de su adicción; solamente el Verdadero Dios Viviente es capaz de sacarlo de esa adicción. Más allá de sus trabajos, familias, relaciones, finanzas, y éxitos, los adictos van a seguir siendo derrotados por los espíritus seductores de sus adicciones.

Innumerables adictos abandonan los centros de rehabilitación cada día, habiendo engañado a los miembros de su familia, para que crean que ellos han conquistado la garra debilitante de la adicción. Éstas adicciones destructivas no sólo son una enfermedad, sino que también involucran al espíritu del engaño. Muchos de nuestros jóvenes nunca llegan a tener la oportunidad de poder experimentar el gozo de una vida productiva y positiva, porque han entregado sus vidas al engaño demoníaco de experimentar con drogas.

> *Las adicciones destructoras, no sólo son una enfermedad, sino se encuentran controladas por un espíritu de engaño.*

La drogadicción no es un deseo que sea bienvenido en aquellos que han sucumbido ante ella, pero es un deseo que permanece en ellos hasta que ellos han sometido y puesto al dios de sus deseos, debajo del verdadero Dios de su liberación. No es que muchos adictos quieran permanecer en esa condición, pero el deseo que los está controlando, no les permite romper esa adicción sin primero tener que sostener una fiera lucha.

Por lo tanto, todos aquellos que ministran a gente que sufre de adicciones debilitantes, deben entender que esa adicción está siendo controlada por fuerzas que son mucho más malvadas que las sustancias mismas. Ellos deben de orar por la liberación del adicto, para que sea liberado de las fuerzas malignas del engaño y de la seducción. También deben orar que él pueda tener el poder y la fuerza del Señor Jesucristo para poder resistir la tentación, la cual va a permanecer un buen tiempo, aún después que el adicto ha sido liberado.

En una playa que se encuentra muy cerca de mi casa en Florida, las personas del lugar compartieron conmigo un testimonio muy poderoso, acerca de un hombre joven, cuya vida había sido transformada milagrosamente, por medio de escuchar la Palabra de Dios. Invitaron a este joven a un estudio bíblico en la playa, mientras que estaba atravesando por un tiempo muy difícil en su vida. El tenía su Biblia abierta, pero al mismo tiempo, tenía cocaína escondida dentro de la Biblia, y mientras el predicador estaba hablando acerca de las cosas de Dios, este muchacho de vez en vez estaba oliendo su cocaína.

Él explicó, "yo podía recordar sólo unas pocas palabras: 'Jesús salva; Jesús te ama'. Y yo creía en todas esas cosas de la Biblia. Yo podía estudiar la Biblia aunque estuviera yo completamente drogado, y estuve haciendo esto por casi un mes entero. Yo sólo quería estar alrededor de gente que se sentían felices y amaban al Señor. El predicador no sabía que yo estaba usando esa cocaína, pero Dios sí lo sabía. Un día yo me encontraba sentado en ese lugar, y estaba preparándome para oler más cocaína, pero no tenía deseo de hacerlo. El deseo se estaba yendo. Yo me puse a pensar, *caramba, esto sí es muy raro*".

Entonces, este joven comenzó a escuchar al ministro, mientras hablaba acerca de cómo Jesús lo amaba, y como Jesús quería liberar a la gente de todos esos hábitos destructivos. Por lo tanto él clamó al Señor diciendo, "Dios, éste es un hábito que es muy malo. Esto está mal, y está destruyendo mi vida. ¿Podrías liberarme de este hábito? Voy a ser muy honesto contigo Señor. Esto me gusta bastante, pero ahora siento que no tengo más deseo de ello". Este muchacho hizo una oración muy sencilla hacia Dios, y de repente, él sintió como si un líquido muy tibio recorriera todo su cuerpo, desde la punta de su cabeza hasta la punta de sus pies. Él sintió algo así como un burbujeo que salió de su alma, y comenzó a alabar al Señor. El sabía que Dios lo estaba liberando, y que estaba quitándole completamente todo ese deseo por las drogas. El explicó que éste fue el comienzo de su liberación total.

> *Debemos orar para que los adictos, no sólo sean liberados, sino que sean capaces, de poder resistir futuras tentaciones.*

"Pasaron días y pasaron semanas, y yo seguí yendo a ese estudio bíblico. Le tomó un poco de tiempo al Señor tratar conmigo. Ya no usaba ninguna cocaína, pero yo seguía bebiendo bastante. Pero mientras más me sentaba y asistía a esos estudios bíblicos, más podía escuchar acerca de la Palabra de Dios. Y mientras más sucedía, que nadie me condenaba, ni nadie estaba apuntando dedos hacia mi, ni diciéndome palabras acerca de que Dios me odiaba, mas comencé a saber y a conocer acerca de este Dios, y más pude entenderlo. Dios estaba ahí para apoyarme sin importar ningún otra cosa, y yo dije, 'Dios, conviérteme en un gran vencedor; conviérteme en un ministro Tuyo', y Dios comenzó a hacer exactamente todo eso conmigo. Y ahora, me ha liberado, y estoy completamente libre a través de la Palabra de Dios y a través de Su poder".

Hoy en día, tal vez tú te encuentras atado en una forma muy similar. Tal vez tú no tienes paz o gozo alguno. A través de los engaños del enemigo, y a través de otras cosas que han ido mal en tu vida, tal vez ya no tienes dinero. Tal vez te han puesto en la cárcel porque has cometido crímenes, que ahora deseas nunca hubieras hecho. Probablemente tú has sufrido tremendamente, debido al poder destructor de las drogas, del alcohol y de situaciones abusivas. Pero Dios sólo se encuentra a una oración de distancia, y aún si tú no puedes hablar en voz alta con Él, tú puedes hablar con Él en tu corazón. No tienes que hacer todo un espectáculo de ti mismo, a fin de ganar la atención de Dios. Debes buscar poner a Dios en primer lugar y antes que cualquier otra cosa. La Biblia dice que debemos amar al Señor nuestro Dios con toda nuestra mente, con todo nuestro corazón, con toda nuestra alma, y con todas nuestras fuerzas. (Favor de ver Marcos 12:30).

DEBES CRECER EN LA GRACIA

El diablo trabaja en maneras diversas y muy sutiles, a fin de apartar a la gente, e impedirles que conozcan al Padre Celestial, o para apartarlos completamente de Él. Todos aquellos que todavía no conocen al Señor, deben voltear a Dios y pedirle que los libere, de la misma manera como este joven de Florida lo hizo. De igual manera, los cristianos deben estar muy alerta sobre su propia vida, y deben vencer la naturaleza pecaminosa, por medio del poder del Espíritu Santo. Deben estar seguros que no están siendo influenciados por fuerzas demoníacas, las cuales quieren que ellos tengan corazones sucios delante de Dios, y que sucumban ante la religiosidad, la amargura, el orgullo, la inmadurez espiritual, y diversas adicciones. Tal y como Pedro advirtió,

> Por tanto, amados, puesto que aguardáis estas cosas, procurad con diligencia ser hallados por El en paz, sin mancha e irreprensibles. Considerad la paciencia de nuestro Señor como salvación, tal como os escribió también nuestro amado hermano Pablo, según la sabiduría que le fue dada. Por tanto, amados, sabiendo esto de antemano, estad en guardia, no sea que arrastrados por el error de hombres libertinos, caigáis de vuestra firmeza; antes bien, creced en la gracia y el conocimiento de nuestro Señor y Salvador Jesucristo. A El sea la gloria ahora y hasta el día de la eternidad. Amén. (2ª Pedro 3:14–15, 17–18)

Capítulo 7

UNA VIDA DE SACRIFICIO

Un aspecto esencial de caminar cerca de Dios, y de experimentar las manifestaciones de las respuestas a las oraciones, así como sueños y visiones, es la habilidad para poder aceptar y abrazar la soledad. La gente que constantemente necesita a otros alrededor de ellos, nunca van a ser capaces de experimentar completamente el tipo de relación con Dios, que experimentan aquellos que pasan tiempo de muy alta calidad con Él, y que son bendecidos con este tipo de experiencia. Porque, durante estos tiempos de intimidad y de quietud con Dios, es que la voz de Dios puede resonar, y que Sus misterios pueden ser revelados. Entonces, vamos a desarrollar un mayor entendimiento de la necesidad que tenemos de Su presencia y de Su poder en nuestra vida.

Cuando nos encontramos en medio de las pruebas y en medio de un gran estrés o tensión nerviosa, muy frecuentemente intentamos encontrar consuelo y consejo a través de nuestros familiares, amigos y aún, incluso conocidos. Esto está bien, mientras tanto, tú hayas buscado primeramente a Dios, y tú nunca permitas que la voz de la raza humana nulifique las instrucciones de Dios. El lugar más seguro para poder encontrar el reposo, está en la presencia de Dios. *"Porque así ha dicho el Señor Dios, el Santo de Israel: En arrepentimiento y en reposo seréis salvos; en quietud y confianza está vuestro poder"* (Isaías 30:15). Jesús dijo,

> *Venid a mí, todos los que estáis cansados y cargados, y yo os haré descansar. Tomad mi yugo sobre vosotros y aprended de mí, que soy manso y humilde de corazón, y hallaréis descanso para vuestras almas. Porque mi yugo es fácil y mi carga ligera.*
>
> (Mateo 11:28–30)

Reposando en el yugo de Jesús

Tomar el "yugo" de Cristo Jesús no sólo te va a dar reposo, pero también te va a ayudar a desarrollar intimidad con Dios. Cuando la gente entra en contacto contigo, ellos van a ser capaces de sentir la presencia de Dios, a través de la paz que exuda de ti como hijo de Dios. ¿Cómo es que tú puedes tomar este yugo sobre ti mismo? Jesús nos da tres tipos de instrucciones para poder entrar en Su reposo.

"Venir a Mí"

Venir a Jesús significa rendir tu vida completamente a Él, y mirar a El para todas las cosas. Nuestro Padre Celestial ama cada vez que oramos a Él en el nombre de Jesús, pidiéndole consejo o dirección, porque esto muestra que Lo estamos aceptando como el Dios que todo lo sabe. No solamente te acostumbres a acudir a Dios cuando ya todo ha fallado. Al contrario, ahórrate algunos problemas, ¡y primeramente acude a Dios!

"Tomar Mi yugo sobre vosotros"

El yugo de Jesús no es una carga. Al contrario, es el medio para poder recibir dirección e instrucción en la vida. En el mundo físico, un yugo es definido como "una barra de madera o un marco de madera, por el cual dos animales (tales como los toros) son unidos en la cabeza o en el cuello para que puedan trabajar juntos".[5] Cuando nos colocamos el yugo de Jesús, debemos seguir todos Sus movimientos, tal y como El nos guía. El es el Único que nos va a dirigir en la dirección que debemos ir. El también nos equipa con la fuerza y con la visión para poder andar en pastos verdes, y seguir arando en los caminos de la justicia, por amor a Su Nombre. (Favor de ver Salmo 23:03). Esta es la razón por la cual Jesús dijo, *"Porque Mi yugo es fácil y ligera Mi carga"* (Mateo 11:30).

> *El "yugo" de Jesús es el medio para poder recibir la dirección correcta en la vida.*

El yugo va a parecer algo muy duro, solamente cuando estamos tratando de jalar en una dirección diferente a la de Cristo Jesús, y cuando tratamos de ir en una dirección donde Él no nos está llevando. La carga se va a convertir en algo demasiado pesado, sólo cuando comenzamos a llevar sobre nosotros, más de lo que Dios ha ordenado que llevemos.

---

[5] Diccionario *Merriam-Webster's 11th Collegiate Dictionary*, s.v., "yoke (yugo)."

No os ha sobrevenido ninguna tentación que no sea común a los hombres; y fiel es Dios, que no permitirá que vosotros seáis tentados más allá de lo que podéis soportar, sino que con la tentación proveerá también la vía de escape, a fin de que podáis resistirla.

(1ª Corintios 10:13)

Dios no está dedicado al negocio de destruirnos con cargas muy pesadas. ¡Él vino a liberar a los cautivos! (Favor de ver Juan 3:17). Si actualmente tú te encuentras incapacitado, con un yugo que se ha convertido en una atadura, y no eres capaz de estar en pie, tú puedes estar seguro que este yugo no ha sido ordenado por Dios. Echa fuera esta atadura, acércate a Dios, y obtén tu liberación de inmediato.

Porque las armas de nuestra contienda no son carnales, sino poderosas en Dios para la destrucción de fortalezas; destruyendo especulaciones y todo razonamiento altivo que se levanta contra el conocimiento de Dios, y poniendo todo pensamiento en cautiverio a la obediencia de Cristo.

(2ª Corintios 10:4–5)

"Aprender de Mí"

La única manera para poder aprender de Jesús, es pasar tiempo con Él, y familiarizarse con Su voz. Debes aprender a pasar tiempos a solas con Jesús, considerando esto una bendición y no una carga.

Señor, muéstrame tus caminos, y enséñame tus sendas. Guíame en tu verdad y

enséñame, porque tú eres el Dios de mi sal-
vación; en ti espero todo el día.

(Salmo 25:4–5)

Debes bloquear todo tipo de distracciones, y
preparar tu mente para que no permita que nada te
impida discernir la voz del Señor, lo cual es opuesto
a lo que el diablo quiere, o incluso, opuesto a lo que
tu naturaleza pecaminosa está deseando.

Pero el que entra por la puerta, es el pastor
de las ovejas. A éste le abre el portero, y las
ovejas oyen su voz; llama a sus ovejas por
nombre y las conduce afuera. Cuando saca
todas las suyas, va delante de ellas, y las
ovejas lo siguen porque conocen su voz. Pero
a un desconocido no seguirán, sino que hui-
rán de él, porque no conocen la voz de los
extraños....Mis ovejas oyen mi voz, y yo las
conozco y me siguen. (Juan 10:2–5, 27)

A través de toda la Palabra de Dios, se nos
exhorta a que pongamos en prioridad nuestro estilo
de vida, de acuerdo a la voluntad de Dios, y no de
acuerdo a nuestra propia voluntad. Podemos hacer
esto a medida que aprendemos de Jesús. En 2a de
Crónicas 16:9 dice lo siguiente, *"Porque los ojos*
del Señor recorren toda la tierra para fortalecer a
aquellos cuyo corazón es completamente suyo". En
Mateo 6:33 dice, *"Pero buscad primero su reino y*
su justicia, y todas estas cosas os serán añadidas".
Proverbios 31:30 dice, *"Engañosa es la gracia y*
vana la belleza, pero la mujer que teme al Señor, ésa
será alabada". La palabra *teme* no significa "estar

temblando de terror o de pánico", sino que significa reverenciar a Dios como el Gobernador Divino de todas las cosas.

> *Confía en el Señor con todo tu corazón, y no te apoyes en tu propio entendimiento. Reconócele en todos tus caminos, y El enderezará tus sendas. No seas sabio a tus propios ojos, teme al Señor y apártate del mal. Será medicina para tu cuerpo, y refrigerio para tus huesos.* (Proverbios 3:5–8)

Necesito prevenirte en contra de tratar de escuchar la voz de Dios sin Conocerlo verdaderamente. ¿Alguna vez has encontrado a alguien que pasa horas y horas en oración, pero que sale de su clóset de oración con un montón de falsas doctrinas o *"con doctrinas de demonios"* (1ª Timoteo 4:1)? ¿Cómo es que esto puede suceder? El diablo se puede disfrazar como *"un ángel de luz"* (2ª Corintios 11:14). Debes mantenerte leyendo las Escrituras, para que cuando algo no coincida con lo que dice la Palabra de Dios, tú estés suficientemente equipado con el conocimiento adecuado para echarlo fuera de tu vida de inmediato.

A SOLAS EN LA PRESENCIA DE DIOS

Cuando Dios te aparta y te separa para Él mismo, esto tiene el propósito de entrenarte y enseñarte. Dios quiere que tú te familiarices con Su voz. Él desea que Su Espíritu se convierta en una presencia vital para ti, todos los días de tu vida. Dios quiere usar este tiempo contigo para poder impartirte trozos de Su sabiduría, conocimiento y verdad, para que tu vida llegue a estar completamente dependiente de la unción de Dios, para dirigirte y para guiarte. Tú puedes llegar al lugar, donde la presencia de Dios es tan preeminente en tu vida, que ya nunca más se siente raro el hecho de depender de Su Espíritu Santo—aún en medio de la adversidad, tribulaciones, y el rechazo.

Tal vez te encuentras en un punto en tu vida, donde te sientes completamente solo, y que a nadie le importa la situación en que te encuentras, y tal vez sientes que Dios se ha olvidado de ti. Yo quiero que tú sepas, que aunque a veces, la soledad se puede sentir muy fuerte, va a haber ocasiones en que Dios va a querer separarte, para que hagas una obra muy grande para Él en el Cuerpo de Cristo. Estos tiempos pueden ser tiempos de soledad, porque requieren mucho tiempo de oración. Se requiere que puedas entender el tipo de dedicación que tienes hacia Dios, para que puedas orar e interceder en cualquier momento, aunque esto sea muy repentino.

> *Tener conocimiento de la Palabra de Dios, nos ayuda a asegurar, que realmente estamos escuchando la voz de Dios.*

Algunas veces, tenemos la costumbre de encajonarnos en un tipo de mentalidad donde sólo queremos estar a solas, y sólo queremos estar con Dios. Sin embargo, en otras ocasiones tenemos ganas de estar afuera y hacer diferentes cosas, tales como ir de compras, ir a cenar, o asistir algún evento deportivo. Las mujeres en forma muy especial, han sido hechas de tal manera, que necesitan tener amigas cercanas para su apoyo emocional. Algunas veces, una mujer lo único que necesita es pasar algún tiempo con su mejor amiga, para que las dos juntas puedan tener un tiempo de muchas lágrimas y de llorar juntas.

Muy profundo en sus corazones, la mayoría de las mujeres aman a sus hijos y a su familia; ellas aman el trabajo que realizan, y los sacrificios que tienen que hacer cada día, y en general, se encuentran satisfechas. Eventualmente, sin embargo, la soledad se apodera de ellas, y esto puede hacer que se desanimen y se distraigan. Es en estas ocasiones, que ellas tienen que usar la Palabra de Dios para corregir su dirección y volver a dirigirse en el camino correcto.

La Palabra de Dios, a final de cuentas, nos va a ayudar a atravesar todo tipo de pruebas y tribulaciones que lleguemos a enfrentar. Tú necesitas confiar en Dios, y necesitas saber qué Dios no te hubiera dado tan grande responsabilidad, si Él no tuviera fe en que tú puedes llevarla a cabo, por medio de Su fortaleza en ti.

Una visión de vidas sacrificadas

En una ocasión, mientras yo me encontraba en una profunda intercesión en mi hogar, estaba buscando a Dios con relación algunas situaciones en mi vida, y Dios comenzó a hablarme acerca de una vida sacrificada. Estaba despierta, pero Dios estaba revelando una visión, y yo de hecho, podía ver todas las cosas en acción, por las cuales estaba orando en ese momento, a medida que las Escrituras de la Biblia se hacían vivas para mí. Yo pude ver algunas cosas escritas en un rollo de papiro. La gloria de Dios rodeó todo esto, de tal manera que yo no era capaz de leer lo que estaba escrito en ese rollo. Entonces, yo pude ver unas escaleras que llevan de la tierra hacia el cielo. Una enorme nube muy hermosa, se encontraba situada encima de las escaleras, y también había muchos ángeles gloriosos que estaban parados sobre las escaleras. Sus vestiduras tan finas eran como las vestiduras de los reyes y las reinas. Los ángeles estaban sosteniendo charolas en sus manos. Estas charolas probablemente medían cerca de treinta centímetros de largo, por treinta centímetros de ancho aproximadamente.

> *Debes llegar al punto donde ya no se sienta raro depender del Espíritu de Dios.*

Sobre cada charola había un objeto redondo, blanco, transparente que reposaba sobre ella. Estos objetos se miraban como piezas o pedazos de niebla muy ligera, pero cada uno de ellos era extremadamente puro, y emitía la esencia de la limpieza. No eran objetos inanimados; era muy obvio que exudaban la esencia de la vida. Cada uno de ellos se movía muy gentilmente a través de su charola, pero nunca llegaba a caer o a salirse de ella.

Continué observando esta visión, a medida que los ángeles entraron a las puertas del cielo. Se levantaron gritos y alabanzas para Dios. En forma muy asombrosa, cuando vi esta visión, gran cantidad de la soledad que yo había estado experimentando, de repente me dejó. Aunque yo había estado sufriendo de soledad y de tristeza, y condoliéndome a mí misma, Dios tuvo mucha gracia para conmigo, y me llenó de paz. Entonces, pude ver tres altares enormes. El primer altar que vi estaba hecho de bronce y de oro, y el altar que se encontraba enfrente de él era más pequeño, pero muy hermoso y muy glorioso. Era como si estuviera hecho de piedra, cubierto con algún tipo de material que brillaba. El tercer altar estaba enfrente de Dios mismo, y era un altar gigantesco, enorme. El primer altar tenía un letrero que decía "Altar de Sacrificio", el segundo tenía un letrero que decía "Altar de Misericordia", y el tercer altar tenía un letrero que decía "Altar de Dios".

Dios estaba sentado en un trono, pero yo no podía ver Su rostro, porque estaba lleno de luz y de poder. Sin embargo, yo podía ver Sus brazos, Su túnica, Sus manos. Por encima del trono, había una nube blanca maravillosa, suspendida en el aire, y que rodeaba el trono con fragancias, y yo la podía oler. Aproximadamente a dos metros por encima de los altares, se encontraba Jesús de pie. Su espalda estaba hacia mí, pero yo sabía que se trataba del Señor. "¡Oh Señor!" Comencé a gritar llena de emoción.

Los ángeles, todavía sosteniendo las charolas, estaban todos arrodillados ante el altar más pequeño, con sus cabezas inclinadas, y ahí enfrente de ellos, de pie, estaba Jesús. Pude ver que Él levantó Su mano izquierda y la puso sobre Su estómago. Jesús se inclinó para comenzar a interceder por las vidas sacrificadas. El extendió Su brazo derecho hacia estos ángeles, y siguió luchando y gimiendo delante del Padre Celestial. Entonces, todos los ángeles se pararon delante de Él en una línea, a medida que la lucha continuó, y pude escuchar una voz que me dijo que mirara todo esto.

Pude ver del otro lado de los tres altares, y ahí se encontraba una muralla enorme, que tenía puertas hechas de oro sólido. Las puertas eran pequeñas, de sesenta centímetros de ancho por sesenta centímetros de altura, y cada una tenía algo escrito en ella. De estas puertas salió poder, luz y gloria.

Yo pensé dentro de mi, *esto me parece conocido.* De repente, me di cuenta que estas puertas pequeñas se parecían a los compartimentos que existen en un panteón, donde se ponen los nombres de las personas que han sido sepultadas. Había palabras escritas en cada puerta, y cada una tenía una manija. Estuve mirando esta escena, hasta que un ángel me dijo, "¡mira! He aquí lo que Dios va a hacer".

> *Debemos confiar en Dios y decir, "yo sólo quiero hacer aquello que a Ti te place".*

Me di la vuelta y miré de nuevo a Jesús, y pude notar que Él había dejado de luchar. Él se puso en sus rodillas, después se puso en pie, y levantó las dos manos. El Padre Celestial señaló a un ángel y dijo, "Pon la vida sacrificada en el Altar del Sacrificio". El que estaba conmigo me dijo, "esa es la vida de alguien muerto a sí mismo. Esa es su vida sacrificada. Los ángeles lo trajeron aquí, y está siendo puesto delante de Dios sobre el Altar del Sacrificio. Si Dios lo recibe, entonces Él va a ordenar que los ángeles lo pongan en esos compartimentos largos...detrás de esas puertas".

Los ángeles comenzaron a moverse hacia atrás, y yo pude escuchar la voz de Dios, como si fueran muchas aguas, diciendo, "Voy a recibir esa vida sacrificada". Los ángeles gritaron. Jesús alabó al Padre Celestial, y Ambos se pusieron a platicar. Se abrió un rollo delante de Dios. Dios escribió algunas cosas en ese rollo, y después se enrolló. Pude escuchar la palabra archivos.

Entonces, uno de los ángeles más grandes, que estaba parado con una espada, abrió el compartimiento que se encontraba más arriba. El tomó este compartimiento, llevando la vida sacrificada, y la puso dentro este compartimiento, cerró la puerta, y escribió, "Recibida...Aprobada...Aceptada". El también escribió la fecha y la hora. Cuando cerró la puerta, se selló automáticamente con un sello de oro. Cuando vi esto, pensé, *oh Señor, la tierra no sabe realmente lo que significa tener "una vida sacrificada"*. Dios realmente quiere que nosotros muramos a nosotros mismos. Lo que Dios quiere de nosotros, es que muramos a nuestra naturaleza pecaminosa, para permitir que la naturaleza de Dios, y los caminos de Dios crezcan dentro de nosotros. También pude ver el nombre de la persona cuya vida sacrificada había sido aceptada, y el llamamiento que Dios tenía sobre su vida, escritos sobre la puerta de su compartimiento.

Estuve observando este proceso por horas; sin embargo, algunas veces el sacrificio era rechazado, y el Señor solía decir, "yo no puedo recibir esta vida sacrificada". Entonces, los ángeles inclinaban sus cabezas, lloraban, y llevaban las charolas de regreso a la tierra. Yo pensé dentro de mí misma, *"¡Éste es un asunto tan serio!"* Yo pude saber entonces, que Jesús está intercediendo por nosotros para qué muramos a nuestra naturaleza pecaminosa, y para que podamos obedecer a Dios, aun en los momentos cuando la soledad está presente.

Es muy importante que tú sepas que Dios toma nota de todas las cosas. Yo se que algunas veces nos podemos sentir como si estuviéramos asfixiándonos, pero tenemos que seguir preparándonos firmemente en la Palabra de Dios, sin importar lo que está sucediendo en nuestra vida. Nuestra alma es muy importante ante los ojos de Dios. Él no quiere que nadie se vaya al infierno. Después de esta visión, comencé a buscar al Señor mucho más con relación a mi propia vida, y me tuve que arrepentir por todas las ocasiones que yo acostumbraba quejarme.

Dios te va a dar mucha sabiduría y muchos conocimientos, no sólo para que los uses en ti mismo, sino para que los uses para Su gloria. Cuando Dios te ha escogido como uno de Sus instrumentos, a través de los cuales Él puede trabajar, se requiere de sacrificio, para poder llevar a cabo Su llamamiento en tu vida. Se requiere tiempo para orar, para estudiar y, para interceder, lo cual significa que debes aprender cómo poner en equilibrio todo tu tiempo. Tú debes aprender como poder confiar en Dios lo suficiente como para poder decir, "Dios, lo único que yo quiero hacer es aquello que a Ti te plazca y que sea solo lo que Tú quieres que yo haga". Dios no es rígido. El no quiere que tú seas sólo un títere manejado por una cuerda. El quiere que tú puedas disfrutar tu vida, y que puedas disfrutar de la Palabra del Señor.

Debemos seguir moviéndonos hacia adelante en el Señor

Una vez yo me encontraba buscando al Señor, dándole gracias por todo, y alabándolo, y el ángel del Señor me dijo, "Yo tengo un trozo de verdad que quiero compartir con toda la gente". De repente recordé la Escritura que dice, *"Y cualquiera que no os reciba, ni oiga vuestras palabras, al salir de esa casa o de esa ciudad, sacudid el polvo de vuestros pies"* (Mateo 10:14). En el contexto de la vida sacrificada, que interpreta este versículo significa, que cuando la gente hace males en contra de ti, y que suceden cosas que tú no puedes entender, tú debes mantener tu vida enfocada, y no debes permitir que todas estas cosas te impidan seguir moviéndote hacia adelante en las cosas de Dios.

Yo pude ver una visión de alguien que estaba sacudiéndose el polvo de sus pies, y había ángeles debajo de sus pies, que de hecho, estaban recogiendo este polvo en recipientes. A medida que yo vi como ellos recogían todo ese polvo, ellos cerraron las tapas de los recipientes, los marcaron, y se los llevaron al cielo. En el cielo había una mesa enorme con muchos hombres santos que estaban sentados alrededor de ella, y los ángeles pusieron estos recipientes sobre esta mesa. Cuando el polvo de los pies salió de los recipientes y fue depositado en la mesa, este polvo creo palabras escritas. Las palabras que fueron formadas del polvo, revelaban las transgresiones que habían sido cometidas, lo cual había incitado a que este polvo de los pies fuera sacudido.

Los hombres santos que estaban alrededor de esta mesa comenzaron a leer todas estas partículas de polvo, y comenzaron a escribir las palabras en hojas de papel. Entonces, todos estos escritos fueron marcados y fueron colocados en los libros

> *Voltea hacia el Señor, y ríndete a Él como una vida sacrificada.*

de aquellos que habían hecho estas cosas. Ellos tomaron todos estos registros, y los llevaron a una habitación de registros, donde había otros hombres que los cuidaban. Esta habitación se veía muy similar a una sala de corte. Jesús estaba allí, en una mesa, dando órdenes, y a medida que Él revisaba cada libro, Él escribía algo en diferentes rollos y en diferentes papeles, y Se los daba a los ángeles. El también les ordenaba que vinieran a la tierra y que contestaran nuestras oraciones. Como tú puedes ver, todo lo que la Biblia dice es muy importante. Tenemos un Dios a quien le importa mucho todo lo que hacemos, y a quien también le importa las cosas malas que nos hacen a nosotros.

Ya es tiempo de orar y de buscar el consejo del Señor. Debemos voltear al Señor con corazones puros, y debemos rendirnos totalmente a Él como vidas sacrificadas.

Por consiguiente, hermanos, os ruego por las misericordias de Dios que presentéis vuestros cuerpos como sacrificio vivo y santo, aceptable a Dios, que es vuestro culto racional. (Romanos 12:1)

Capítulo 8

ACTITUDES Y CUALIDADES DE LOS INTERCESORES

Dios ha estado trayendo a mi memoria, muchas de las cosas que me mostró originalmente, cuando escribí el libro titulado Una revelación divina del infierno. El ha estado revelándome que nos encontramos en un período de tiempo donde se va a efectuar el más grande mover de Dios, pero también es un tiempo donde mucha gente de nuestra sociedad ha perdido completamente la reverencia por Dios. Existen todo tipo de perversidades, el odio se ha multiplicado y los asesinatos están a la orden del día. Incluso hay muchos ministros que están desarrollando un tipo de mentalidad como que "cualquier cosa es buena".

> *Las gentes de la tierra han hecho violencia y cometido robo, han oprimido al pobre y al necesitado y han maltratado injustamente al extranjero. Busqué entre ellos alguno que levantara un muro y se pusiera en pie en la brecha delante de mí a favor de la tierra, para que yo no la destruyera, pero no lo hallé.* (Ezequiel 22:29–30)

Hoy en día, tenemos una gran necesidad de verdaderos intercesores—aquellos que puedan "pararse firmemente" para orar por nuestro país y por todo el mundo. La oración tiene el poder para liberar a todos los cautivos, porque conecta al intercesor con el Dios Todopoderoso. Cuando tú encuentras a una persona que está acostumbrada a hablar con Dios y a escuchar de Dios, tú vas a encontrar un individuo que está listo para enrollar las mangas de su camisa espiritual de oración, y para pelear la buena batalla de la fe, sin dudar, ni por un solo momento.

Vamos a ver algunas de las actitudes y cualidades que son esenciales en los creyentes que quieren ser efectivos en la intercesión.

Alineándose con Jesús y con el Espíritu Santo

En primer lugar, como intercesores, debemos poder entender que Jesús y el Espíritu Santo están intercediendo por nosotros, y que cuando nosotros intercedemos, necesitamos estar alineados con la voluntad de Dios.

Jesús está intercediendo

Pero Jesús conserva su sacerdocio inmutable puesto que permanece para siempre. Por lo cual El también es poderoso para salvar para siempre a los que por medio de El se acercan a Dios, puesto que vive perpetuamente para interceder por ellos. Porque convenía que tuviéramos tal sumo sacerdote: santo, inocente, inmaculado, apartado de los pecadores y exaltado más allá de los cielos. (Hebreos 7:24–26)

El libro de hebreos nos dice que Jesús, como nuestro sumo sacerdote, en este momento, se encuentra *"sentado a la diestra del trono de la majestad en los cielos"* (Hebreos 8:1). El se sacrificó a Sí Mismo por nosotros, y ahora que ya ha regresado al lado del Padre Celestial, Él está intercediendo por nuestro estado y condición espiritual. Vamos a leer muy cuidadosamente este pasaje revelador de Juan 17, donde Jesús estaba orando al Padre Celestial justo antes de su crucifixión:

Yo ruego por ellos; no ruego por el mundo, sino por los que me has dado; porque son tuyos; y todo lo mío es tuyo, y lo tuyo, mío; y he sido glorificado en ellos. Ya no estoy en el mundo, pero ellos sí están en el mundo, y yo voy a ti. Padre santo, guárdalos en tu nombre, el nombre que me has dado, para que sean uno, así como nosotros. Cuando estaba con ellos, los guardaba en tu nombre, el nombre que me diste; y los guardé y ninguno se perdió, excepto el hijo de perdición, para que la Escritura se cumpliera. Pero ahora voy a ti; y hablo esto en el mundo para que tengan mi gozo completo en sí mismos. Yo les he dado tu palabra y el mundo los ha odiado, porque no son del mundo, como tampoco yo soy del mundo. No te ruego que los saques del mundo, sino que los guardes del maligno. Ellos no son del mundo, como tampoco yo soy del mundo. Santifícalos en la verdad; tu palabra es verdad. Como tú me enviaste al mundo, yo también los he enviado al mundo. Y por ellos yo me santifico, para que ellos también sean santificados en la verdad. Mas no ruego sólo por éstos, sino también por los que han de creer en mí por la palabra de ellos, para que todos sean uno. Como tú, oh Padre, estás en mí y yo en ti, que también ellos estén en nosotros, para que el mundo crea que tú me enviaste. La gloria que me diste les he dado, para que sean uno, así como nosotros somos uno: yo en ellos, y tú en mí, para que sean perfeccionados en unidad, para que el mundo sepa que tú me enviaste, y que los amaste tal como me has amado a mí. Padre, quiero que los que me has dado, estén también conmigo donde yo estoy, para que vean mi gloria, la gloria que me has dado; porque me has amado desde antes de la fundación del mundo. (Juan 17:9–24)

Cuando nos faltan palabras para orar, el Espíritu Santo intercede por nosotros.

Jesús oro (1) que los creyentes pudieran vivir en unidad, de la misma forma como Él es uno con el Padre Celestial, (2) que pudiéramos tener el mismo gozo que Él tiene, (3) que pudiéramos ser protegidos del maligno, (4) que pudiéramos ser santificados en la verdad de Dios, (5) que pudiéramos tener unidad con otros creyentes, y con el Padre y con el Hijo, (6) que pudiéramos ser testigos para el mundo, de la verdad del Evangelio, debido a esta unidad, y (7) que un día podamos vivir con Jesús y ver Su gloria.

A medida que oramos, podemos interceder por estos mismos principios, tanto por nosotros mismos, como por los demás. Jesús dijo que podemos orar al Padre en Su Nombre, y que nuestras peticiones iban a ser contestadas:

> *Además os digo, que si dos de vosotros se ponen de acuerdo sobre cualquier cosa que pidan aquí en la tierra, les será hecho por mi Padre que está en los cielos. Porque donde están dos o tres reunidos en mi nombre, allí estoy yo en medio de ellos.*
>
> (Mateo 18:19–20)

> *En verdad, en verdad os digo: el que cree en mí, las obras que yo hago, él las hará también; y aun mayores que éstas hará, porque yo voy al Padre. Y todo lo que pidáis en mi nombre, lo haré, para que el Padre sea glorificado en el Hijo. Si me pedís algo en mi nombre, yo lo haré.* (Juan 14:13–14)

> *Vosotros no me escogisteis a mí, sino que yo os escogí a vosotros, y os designé para que vayáis y deis fruto, y que vuestro fruto permanezca; para que todo lo que pidáis al Padre en mi nombre os lo conceda.*
>
> (Juan 15:16)

El Espíritu Santo está intercediendo

La Biblia también nos asegura que el Espíritu Santo de Dios intercede por nosotros:

> *Y de la misma manera, también el Espíritu nos ayuda en nuestra debilidad; porque no sabemos orar como debiéramos, pero el Espíritu mismo intercede por nosotros con gemidos indecibles; y aquel que escudriña los corazones sabe cuál es el sentir del Espíritu, porque El intercede por los santos conforme a la voluntad de Dios.*
>
> (Romanos 8:26–27)

Cuando nos faltan palabras para poder orar, el Espíritu Santo entra en acción a nuestro favor, e intercede por nosotros. El comunica todo aquello que nosotros deberíamos orar, tal y como si tuviéramos todo el entendimiento y todas las palabras necesarias para decirlo. Nunca debemos mirar la oración como una tarea laboriosa o pesada, debido a que el Espíritu Santo está ahí para ayudarnos a orar.

Nosotros tenemos que interceder

Una vez que sabemos que Jesús y el Espíritu Santo están intercediendo por nuestra fuerza espiritual, y por nuestro éxito, debemos entonces convertirnos en intercesores, y de la misma manera, debemos orar para que venga el reino de Dios, y para qué la voluntad de Dios sea hecha en la tierra, tal y como es hecha en el cielo. (Favor de ver Mateo 6:10). Pídele a Dios que te bauticé con Su Espíritu Santo, para que puedas orar a Dios, a través del lenguaje dado por el Espíritu Santo en *"las lenguas humanas y lenguas angélicas"* (1ª Corintios 13:1), a medida que tú pides por tus necesidades y por las necesidades de otros. (Favor de ver, por ejemplo, Marcos 16:17, Hechos 2:1–11, 1ª Corintios 12:5–11, 14:39).

> *Debes interceder para que venga el Reino de Dios, y para que sea hecha la voluntad de Dios en la tierra, de la misma forma como es hecha en el cielo.*

El apóstol Pablo escribió lo siguiente, *"Entonces ¿qué? Oraré con el espíritu, pero también oraré con el entendimiento; cantaré con el espíritu, pero también cantaré con el entendimiento"* (1ª Corintios 14:15). Debemos orar de acuerdo a la voluntad de Dios, y debemos pedir que sea el Espíritu Santo Quien hable a través de nosotros, para que podamos decir las palabras correctas. Entonces, debemos someternos completamente a Dios, y permitir que sea Su Espíritu Santo quien ore a través de nosotros, a medida que confiamos y creemos en Él.

> *Pero vosotros, amados, edificándose en vuestra santísima fe, orando en el Espíritu Santo, conservaos en el amor de Dios, esperando ansiosamente la misericordia de nuestro Señor Jesucristo para vida eterna.*
> (Judas 20–21)

> *Con toda oración y súplica orad en todo tiempo en el Espíritu, y así, velad con toda*

perseverancia y súplica por todos los san-
tos.   (Efesios 6:18)

BUENA VOLUNTAD Y FIDELIDAD

Los intercesores efectivos tienen buena voluntad para interceder a favor de la obra de Dios en
el mundo, y son muy fieles haciéndolo. Siempre
están dispuestos, y siempre están listos para
orar, tal y como estas Escrituras nos exhortan a
hacerlo:

Dedicados a la oración.   (Romanos 12:12)

Por nada estéis afanosos; antes bien,
en todo, mediante oración y súplica con
acción de gracias, sean dadas a conocer
vuestras peticiones delante de Dios.
                              (Filipenses 4:6)

Perseverad en la oración, velando en ella
con acción de gracias.   (Colosenses 4:2)

Orad sin cesar.   (1ª Tesalonicenses 5:17)

Por consiguiente, quiero que en todo lugar
los hombres oren levantando manos santas,
sin ira ni discusiones.
                         (1ª Tesalonicenses 2:8)

En una ocasión, cuando estaba viviendo en el
estado de Michigan, me encontraba yo en una profunda intercesión, cuando una visión se apareció
delante de mi, y pude ver un automóvil que estaba
volteado completamente al revés con alguien atrapado dentro de él. Yo no podía ver quién era, pero

yo sabía que estaba orando por ese individuo. Ese día, yo ore por casi seis horas, y una vez que había acabado, regresé a hacer mis tareas diarias de cada día. Sin embargo, a través del resto de ese día continué pensando acerca de esa oración en particular.

Algún tiempo después, me encontraba visitando a algunos de mis parientes, y estábamos hablando acerca de las visiones y acerca de la oración. Compartí con ellos la visión del automóvil que había visto durante ese tiempo de oración, y uno de mis parientes respondió, "¡ése era yo! El automóvil era un convertible y estaba volcado sobre el lodo. Yo me encontraba atrapado dentro de ese automóvil, y casi no podía respirar. Me estaba muriendo, pero de repente, sentí que algo levantó el automóvil de mi cuerpo, ¡y yo pude gatear y salir a través del lodo hasta la carretera!"

"¡Gracias Señor, que Tú viste que yo podía ser útil, y me usaste en esa oración!" Yo dije. Y todo el mundo alrededor que me conocía, supo que había sido un ángel del Señor quien había levantado el automóvil de mi pariente, durante sus momentos tan críticos. En forma milagrosa, a pesar de un accidente tan horrible, mi pariente fue dado de alta del hospital sin lesiones mayores.

Tú puedes ver por qué es tan importante el hecho de ser fiel en la oración, especialmente cuando Dios está mostrando algo en una visión. Aún en las ocasiones cuando tú no quieras hacerlo, tú debes clamar al Señor, porque la vida de alguien puede estar dependiendo de tu obediencia.

La justicia y la reverencia hacia Dios

Hablamos anteriormente, en alguno de los capítulos previos, acerca de la necesidad que tenemos de tener un corazón puro, pero debido a que la justicia es tan esencial para una oración efectiva, es muy importante mencionarlo también aquí. *"La oración eficaz del justo puede lograr mucho"* (Santiago 5:16). Los verdaderos intercesores que oran para que la voluntad de Dios venga a la tierra, tienen reverencia por Su nombre, y ellos siempre se encuentran en una correcta relación con Él.

> *Enséñame, oh Señor, tu camino; andaré en tu verdad; unifica mi corazón para que tema tu nombre. Te daré gracias, Señor mi Dios, con todo mi corazón, y glorificaré tu nombre para siempre.*
>
> (Salmo 86:11–12)

> *¿O qué acuerdo tiene el templo de Dios con los ídolos? Porque nosotros somos el templo del Dios vivo, como Dios dijo: Habitaré en ellos, y andaré entre ellos; y seré su Dios, y ellos serán mi pueblo. Por tanto, salid de en medio de ellos y apartaos, dice el Señor; y no toquéis lo inmundo, y yo os recibiré. Y yo seré para vosotros padre, y vosotros seréis para mí hijos e hijas, dice el Señor Todopoderoso. Por tanto, amados, teniendo estas promesas, limpiémonos de toda inmundicia de la carne y del espíritu, perfeccionando la santidad en el temor de Dios.*
>
> (2ª Corintios 6:16–7:1)

Porque los ojos del Señor están sobre los justos, y sus oídos atentos a sus oraciones; pero el rostro del Señor está contra los que hacen el mal. (1ª Pedro 3:12)

Conocimiento de Quién es Dios y conocimiento de quién eres tú en Dios

Los intercesores efectivos también pueden reconocer la importancia de conocer quién es Dios, y quiénes son ellos en Dios, a través de Cristo Jesús. En 1ª Reyes 18:20-40, podemos leer acerca de una batalla entre Elías y los profetas de Baal en el monte Carmelo, con relación a demostrar quién era el Dios verdadero. El pueblo de Israel se había involucrado en adoración hacia este dios falso. Aparentemente, ellos querían ser el pueblo de Israel solamente de nombre, mientras que al mismo tiempo estaban adorando a un ídolo. Elías les preguntó,

"Elías se acercó a todo el pueblo y dijo: ¿Hasta cuándo vacilaréis entre dos opiniones? Si el Señor es Dios, seguidle; y si Baal, seguidle a él". Pero el pueblo no le respondió ni una palabra. (1ª Reyes 18:21)

Una vez que tú sabes quién es tu Dios, no te vas a dar el lujo de discutir, ni involucrarte, en discusiones calurosas con gente que no tienen intención alguna de cambiar sus opiniones. Al contrario, tú vas a permitir que la vida de Cristo brille a través de ti, para revelar la verdad del Evangelio. De forma similar, Elías permitió que Dios hablara por él. Dando un paso muy valiente, él efectuó un reto.

El y los profetas de Baal, iban a ofrecer sacrificios en altares separados. El sacrificio que fuera consumido por fuego, iba a ser el único sacrificio que iba a demostrar quién era el único Dios Viviente y Verdadero.

Elías permitió que los profetas de Baal probaran primero. Ellos intentaron hasta el cansancio, clamando a Baal, sin obtener ningunos resultados. Entonces, como si esto no hubiera sido suficiente, Elías fue tan lejos como para empapar no sólo el sacrificio, sino todo alrededor del altar con agua, haciendo de esto un reto mucho mayor para este concurso. Pero ni siquiera el agua impidió que el sacrificio de Elías fuera consumido por el fuego de Dios:

> *Debes permitir que la vida de Jesucristo brille a través de ti, y revele la verdad el Evangelio.*

> *Entonces cayó el fuego del Señor, y consumió el holocausto, la leña, las piedras y el polvo, y lamió el agua de la zanja. Cuando todo el pueblo lo vio, se postraron sobre su rostro y dijeron: El Señor, El es Dios; el Señor, El es Dios.* (1ª Reyes 18:38–39)

¿Acaso has podido llegar a conocer la grandeza y el poder de Dios? ¿Acaso estás consciente de quién eres como hijo de Dios, a través de Cristo Jesús? Pablo escribió, *"Y habéis sido hechos completos en El (Cristo Jesús), que es la cabeza sobre todo poder y autoridad"* (Colosenses 2:10). y *"Por lo demás, fortaleceos en el Señor y en el poder de su fuerza"* (Efesios 6:10). Los intercesores ganan las batallas con la poderosa Palabra de Dios, y a través de la fuerza del Espíritu Santo de Dios.

Porque las armas de nuestra contienda no son carnales, sino poderosas en Dios para la destrucción de fortalezas; destruyendo especulaciones y todo razonamiento altivo que se levanta contra el conocimiento de Dios, y poniendo todo pensamiento en cautiverio a la obediencia de Cristo.

(2ª Corintios 10:4–5)

"No por el poder ni por la fuerza, sino por mi Espíritu"—dice el Señor de los ejércitos.

(Zacarías 4:6)

La forma de pensar de un intercesor es, "si Dios lo dijo, ¿entonces, cuál es el problema?" Esta, fue exactamente la actitud de David, cuando él tuvo que enfrentar al gigante Goliat, que estaba intimidando al ejército de los israelitas. Él les preguntó a los hombres,

*¿Qué harán por el hombre que mate a este filisteo y quite el oprobio de Israel? ¿Quién es este filisteo incircunciso para desafiar a los escuadrones del **Dios viviente**?*

(1ª Samuel 17:26 se añadió énfasis)

En primer lugar, David sabía que él estaba sirviendo al Dios Todopoderoso, de la misma manera como Ezequías también lo sabía. Tal y como las Escrituras dicen,

Y oró Ezequías delante del Señor, y dijo: Oh Señor, Dios de Israel, que estás sobre los querubines, sólo tú eres Dios de todos los reinos de la tierra. Tú hiciste los cielos y la tierra.
(2ª Reyes 19:15)

En segundo lugar, David sabía que Dios iba a pelear a favor de Su pueblo.

El eterno Dios es tu refugio, y debajo están los brazos eternos. El echó al enemigo delante de ti, y dijo: "¡Destruye!"
(Deuteronomio 33:27)

David se sintió insultado, debido a que un filisteo tuviera la osadía de pararse en contra de los hijos de Dios. En otras palabras, "¡Cómo se atreve alguien que no honra a nuestro Dios, venir en contra del pueblo de Dios!"

> *Si tú no estás seguro del poder que tienes en Cristo Jesús, entonces, tu vas a seguir rindiéndote ante los gigantes que se presenten en tu vida.*

Sin embargo, el problema era que el pueblo de Dios no estaba seguro de la identidad que tenían en Dios, y tampoco estaban seguros del poder que poseían en Él. Esta misma verdad tan desdichada, es cierta y se puede aplicar para muchas personas del pueblo de Dios hoy en día. Si tú permaneces sin estar seguro del poder que tienes a través de Cristo Jesús, tú vas a seguir rindiéndote ante los gigantes que vengan a tu vida, en lugar de correr a destruirlos. La oración es nuestra arma en contra de los engaños de satanás. De la misma manera tan valiente como David confrontó y venció al gigante Goliat, nosotros debemos confrontar, resistir y vencer a todas las fuerzas demoníacas que tratan de retar a todos aquellos que pertenecen al Dios Vivo. Debes personalizar las declaraciones de David y apropiártelas. No importa qué táctica use el diablo para tratar de robar tu paz, o la tranquilidad de tu mente, o para tratar de dañar a otros. Tú debes enfrentártele cara a cara, y declarar,

> *Tú vienes a mí con espada, lanza y jabalina, pero yo vengo a ti en el nombre del Señor de los ejércitos, el Dios de los escuadrones de Israel, a quien tú has desafiado. El Señor te entregará hoy en mis manos, y yo te derribaré y te cortaré la cabeza. Y daré hoy los cadáveres del ejército de los filisteos a las aves del cielo y a las fieras de la tierra, para que toda la tierra sepa que hay Dios en Israel.* (1ª Samuel 17:45–46)

LA FE

Otra característica esencial para la oración es poder tener fe, la cual viene de aprender Quién es Dios a través de toda Su Palabra. *"Así que la fe viene del oír, y el oír, por la palabra de Cristo"* (Romanos 10:17). Muchas veces, cuando estamos intentando derrotar al enemigo, nos ponemos a pensar que la solución se encuentra en algún misterio profundo espiritual, o tratamos de buscar poder en otras personas, en lugar de ir directamente a Dios en oración por nosotros mismos. La fe es el componente que separa a aquellos que tienen gran poder en la oración, de aquellos que continuamente buscan a otros para que oren por ellos.

> *Los creyentes no dependen de la visión terrenal, sino en la visión perfecta de Dios.*

"Donde no hay visión, el pueblo se desenfrena, pero bienaventurado es el que guarda la ley" (Proverbios 29:18). Como creyentes, no debemos depender en nuestra visión terrenal, sino la visión perfecta de Dios. *"Ahora bien, la fe es la certeza de lo que se espera, la convicción de lo que no se ve"* (Hebreos 11:1). No siempre podemos confiar en nuestros ojos físicos o carnales, ni en nuestros oídos terrenales, para que nos revelen la voluntad de Dios; debemos ser capaces de conectarnos con Dios en forma espiritual, y poder aprender de Él a través de Su Palabra.

La oración llena de fe trae resultados muy poderosos:

> *Elías era un hombre de pasiones semejantes a las nuestras, y oró fervientemente para que no lloviera, y no llovió sobre la tierra por tres años y seis meses. Y otra vez oró, y el cielo dio lluvia y la tierra produjo su fruto.*
>
> (Santiago 5:17–18)

> *Respondiendo Jesús, les dijo: En verdad os digo que si tenéis fe y no dudáis, no sólo haréis lo de la higuera, sino que aun si decís a este monte: "Quítate y échate al mar", así*

sucederá. Y todo lo que pidáis en oración, creyendo, lo recibiréis. (Mateo 21:21–22)

LA COMPASIÓN

La característica de la compasión es algo que es muy necesario para una oración efectiva. Motivado por compasión, Jesús enseñó a todos aquellos que estaban hambrientos espiritualmente, alimentó a los que tenían hambre físicamente, sano a los enfermos, y liberó a los endemoniados. Por ejemplo, la Escritura registra el caso siguiente:

> *Y viendo las multitudes, **tuvo compasión de ellas**, porque estaban angustiadas y abatidas como ovejas que no tienen pastor. Entonces dijo a sus discípulos: La mies es mucha, pero los obreros pocos. Por tanto, rogad al Señor de la mies que envíe obreros a su mies.*
>   (Mateo 9:36–38 se añadió énfasis)

> *Y al desembarcar, vio una gran multitud, y **tuvo compasión de ellos**, y sanó a sus enfermos.* (Mateo 14:14 se añadió énfasis)

> *Y he aquí, dos ciegos que estaban sentados junto al camino, al oír que Jesús pasaba, gritaron, diciendo: ¡Señor, Hijo de David, ten misericordia de nosotros! Y la gente los reprendía para que se callaran, pero ellos gritaban más aún, diciendo: ¡Señor, Hijo de David, ten misericordia de nosotros! Deteniéndose Jesús, los llamó, y dijo: ¿Qué queréis que yo haga por vosotros? Ellos le*

*dijeron: Señor, deseamos que nuestros ojos sean abiertos. Entonces Jesús, **movido a compasión**, tocó los ojos de ellos, y al instante recobraron la vista, y le siguieron.*
(Mateo 20:30–34 se añadió énfasis)

*Al entrar El en la barca, el que había estado endemoniado le rogaba que le dejara acompañarle. Pero Jesús no se lo permitió, sino que le dijo: Vete a tu casa, a los tuyos, y **cuéntales cuán grandes cosas el Señor ha hecho por ti, y cómo tuvo misericordia de ti.***
(Marcos 5:18–19 se añadió énfasis)

*Y cuando se acercaba a la puerta de la ciudad, he aquí, sacaban fuera a un muerto, hijo único de su madre, y ella era viuda; y un grupo numeroso de la ciudad estaba con ella. **Al verla, el Señor tuvo compasión de ella**, y le dijo: No llores. Y acercándose, tocó el féretro; y los que lo llevaban se detuvieron. Y Jesús dijo: Joven, a ti te digo: ¡Levántate! El que había muerto se incorporó y comenzó a hablar, y Jesús se lo entregó a su madre.*
(Lucas 7:12–15 se añadió énfasis)

J. Rodean Williams, profesor honoris causa de la Escuela de Teología en la Universidad Regent, dijo, "la compasión es una fuente de milagros".[6]

---

[6] J. Rodman Williams, *Great Themes of the Book II*, audio portion, Living by the Book Series, CBN (Christian Broadcasting Network).

Debemos seguir el ejemplo de Jesús, y orar por otros, teniendo compasión de ellos, tal y como Jesús reflejó la compasión del Padre Celestial:

Mas tú, Señor, eres un Dios compasivo y lleno de piedad, lento para la ira y abundante en misericordia y verdad. (Salmo 86:15)

Persistencia y perseverancia

Los verdaderos intercesores son persistentes y perseverantes. Aunque muchas veces tú vas a tropezar, y aún vas a caer en tu caminar de fe, no le des la espalda a Dios ni te rindas. Sin importar aquello por lo cual tú estás atravesando, Dios tiene una respuesta para cada aflicción. Busca a Dios, y Él te va a convertir en un vencedor, capaz de levantarse muy por encima de todo aquello que está tratando de derrotarte.

La Biblia está llena con relatos de grandes hombres y mujeres, que vencieron obstáculos muy grandes, debido a su persistencia, y al poder de la oración. En Génesis 18, leemos que Dios estaba a punto de destruir Sodoma, debido a la extrema maldad de toda esa gente. La gente aparentemente había estado clamando al Señor, con relación a las injurias y a las injusticias de que habían sido objeto, a manos de la gente de esta ciudad. (Favor de ver versículos 20–21).

Cuando Abraham oyó acerca del plan que Dios tenía para destruir esa ciudad, él se puso a discutir con Dios a favor de las personas justas de la ciudad de Sodoma.

Y Abraham se acercó, y dijo: ¿En verdad destruirás al justo junto con el impío? Tal vez haya cincuenta justos dentro de la ciudad; ¿en verdad la destruirás y no perdonarás el lugar por amor a los cincuenta justos que hay en ella? (Génesis 18:23–24)

Abraham siguió preguntándole a Dios si acaso Él sería capaz de destruir la ciudad si hubiera algún justo en ella, reduciendo el número de cincuenta a cuarenta y cinco, entonces a cuarenta, a treinta, a veinte, y finalmente a un número de diez individuos. En cada ocasión, Dios dijo que Él no destruiría la ciudad, si llegaba a encontrar ese número de gente justa viviendo en ella.

> *Busca a Dios, y Él te convertirá en un vencedor.*

Abraham sabía que Dios tenía compasión, y que Él no iba a destruir la ciudad sin razón alguna. Al final, resultó que ni siquiera podían ser hallados diez individuos justos, viviendo en esa ciudad. Sin embargo, aún así, Dios protegió la vida del sobrino de Abraham y de los miembros inmediatos de su familia, como respuesta a los ruegos de Abraham, debido a que Dios tenía una relación muy cercana con Abraham. (Favor del Génesis 18:17–19).

Y aconteció que cuando Dios destruyó las ciudades del valle, se acordó Dios de Abraham e hizo salir a Lot de en medio de la destrucción, cuando destruyó las ciudades donde habitaba Lot. (Génesis 19:29)

Existen muchas personas que necesitan que nosotros perseveremos en oración por ellos. Pablo escribió a los Colosenses acerca de su compañero de trabajo, Epafras, *"Epafras, que es uno de vosotros, siervo de Jesucristo, os envía saludos, siempre esforzándose intensamente a favor vuestro en sus oraciones, para que estéis firmes, perfectos y completamente seguros en toda la voluntad de Dios"* (Colosenses 4:12). Epafras *"siempre esforzándose intensamente"* en oración a favor de los Colosenses, para que ellos pudieran llegar a ser espiritualmente maduros, y que pudieran tener confianza de la posición que tenían en Dios, llegando a ser completamente obedientes ante Dios.

Una de las más grandes ilustraciones de la persistencia en la oración es la parábola de Jesús, acerca de la viuda, la cual se encuentra en Lucas 18:

> *Y les refería Jesús una parábola para enseñarles que ellos debían orar en todo tiempo, y no desfallecer, diciendo: Había en cierta ciudad un juez que ni temía a Dios ni respetaba a hombre alguno. Y había en aquella ciudad una viuda, la cual venía a él constantemente, diciendo: "Hazme justicia de mi adversario." Por algún tiempo él no quiso, pero después dijo para sí: "Aunque ni temo a Dios, ni respeto a hombre alguno, sin embargo, porque esta viuda me molesta, le haré justicia; no sea que por venir continuamente me agote la paciencia." Y el Señor dijo: Escuchad lo que dijo el juez injusto. ¿Y no hará Dios justicia a sus escogidos,*

que claman a El día y noche? ¿Se tardará mucho en responderles? Os digo que pronto les hará justicia. No obstante, cuando el Hijo del Hombre venga, ¿hallará fe en la tierra? (Lucas 18:1–8)

Lucas escribió que Jesús dio esta parábola, para poder enfatizar que *"los hombres deberían orar en todo tiempo y no desmayar"* (Lucas 18:1). Jesús apuntó el hecho de que la viuda fue recompensada por haber sido persistente. Aunque ella estaba rogando por su caso, enfrente de un "juez injusto", ella recibió una respuesta a su petición, simplemente porque ella rehusó rendirse. Muchos están perdiéndose de las bendiciones de Dios, debido a que no permanecen el tiempo suficiente como para poder escuchar a Dios y obtener una respuesta. De hecho, Jesús estaba diciendo, "Ciertamente, si esta viuda pudo obtener una respuesta de un juez injusto, ¿Cuánto más Nuestro Amado Padre Celestial y Juez Justo no contestará nuestras peticiones, si acudimos a Él?"

En una ocasión, mi familia se encontraba a punto de vender un terreno, siendo que realmente necesitábamos urgentemente ese dinero. Pero cada vez que tratábamos de cerrar la transacción, el diablo peleaba en contra de nosotros a través de todo tipo de obstáculos, haciendo que la gente se enfermara, que el dinero no fuera depositado a tiempo, y muchas otras cosas como éstas. El diablo estaba tratando de evitar que nosotros no prosperáramos. Por lo tanto, tuvimos que aprender a seguir persistiendo y a no rendirnos.

No te debes rendir, sino que debes seguir insistiendo. Tú tienes que ser como un martillo, pegándole al diablo en la cabeza, hablando espiritualmente. Y como él no oye muy bien, tú tienes que hablar continuamente la Palabra de Dios en contra de él.

Cuando nos mantenemos persistentes en nuestra búsqueda de Dios, y en pelear hasta derrotar al diablo, entonces, todas las cosas son posibles a través de Cristo Jesús. Es a través de esta persistencia, que nos vamos a convertir en personas prósperas y victoriosas. No sólo podemos tener prosperidad financiera, sino que también podemos tener prosperidad espiritual. Dios no va a permitir que el diablo abuse de nosotros.

> *La gente se pierde las bendiciones de Dios, porque ellos no esperan el tiempo suficiente, hasta que puedan oír la respuesta de Dios.*

Las actitudes de nuestro corazón, y las características de carácter, que desarrollemos a través de la fe y de la obediencia a Dios, son partes integrales de la respuestas de la oración. Debemos seguir cultivando estas áreas, y poner todo esto en práctica, a medida que nos convertimos en los intercesores que Dios desea que seamos.

Capítulo 9

VISIONES DE LIBERACIÓN Y ORACIONES CONTESTADAS

L as visiones que Dios me dio hace años, todavía permanecen vivas en mi mente. El señor acostumbraba visitarme cada noche, y me mostraba revelaciones impactantes mientras yo dormía. Tal y como escribí en libros anteriores, que fui trasladada con Jesús al infierno por tres horas cada noche, durante treinta noches, y caminé entré los muertos. Entonces, yo fui al cielo con Jesús por tres horas cada noche, durante diez noches. Una de las cosas que Jesús me reveló, fue la forma como el diablo les ordena a los demonios que vengan a la tierra a destruir a nuestras familias. Por ejemplo, si tú tienes un pariente que recientemente está comenzando a crecer en Dios, y que acaba de salir de sus pecados, el demonio va a tratar de hacerlo tropezar, va a tratar de hacer que pierda dinero, a causarle accidentes, y va a traer todo tipo de desgracias a su vida. Los demonios de satanás van a hacer todo lo que sea posible para detener a tus amados, y que no se acerquen a Dios, mientras que tú estás orando por ellos.

Dios quiere que nosotros sepamos, que independientemente de cómo se vean las circunstancias, nunca podemos rendirnos. Nunca podemos rendirnos de orar por nosotros mismos, y nunca podemos rendirnos de interceder por nuestros seres amados. Debemos orar sin cesar, hasta que ellos lleguen a la plenitud de la luz maravillosa del conocimiento de Dios, y que sean salvos y liberados.

Sin importar que sea lo que la gente está atravesando, o como se están portando, nunca debes pedir que Dios mande juicio sobre ellos. Tu corazón debe estar inclinado hacia el Señor; y debe estar completamente puro. Oras por compasión, y oras para que Dios los guíe. Tú le pides a Dios que haga brillar Su luz en medio de las tinieblas, y que destruya las obras del reino demoníaco de satanás. Tú nunca debes maldecir a los individuos, pero tú debes orar en contra del espíritu demoníaco que está controlando al individuo. Tú tomas dominio sobre los poderes espirituales de las tinieblas que los están atormentando. Dios quiere que nosotros oremos para que la salvación, el avivamiento, la liberación, y la sanidad puedan realizarse a través de toda la nación, y alrededor de todo el mundo.

LOS ÁNGELES DE DIOS PELEAN POR NOSOTROS

En diferentes visiones, he podido ver carruajes que salen del cielo, guiados por ángeles que vienen a nuestro rescate, cuando buscamos a Dios diligentemente en oración. Estos ángeles guerreros que se miran muy feroces, están enfocados en cumplir el propósito de la voluntad de Dios, y ellos pelean ferozmente en contra de los demonios, y a nuestro favor. Ellos tienen mandíbulas de acero y ojos de fuego. Sus vestiduras para la guerra están hechas de algo que parece ser como metal, acero, y otros materiales que no pudieron ser identificados. Estos ángeles del Señor van por toda la tierra. Con sus enormes espadas de fuego, ellos cortan las presencias malignas y los poderes de las tinieblas.

Las fuerzas demoníacas pelean en contra de los ángeles

Anteriormente, estuvimos estudiando como el ángel que trajo el mensaje de Dios a Daniel, dijo que había sido obstruido y detenido por las fuerzas demoníacas opositoras. Algunas veces, los demonios van a entrar en combate en contra de los ángeles, para tratar de impedirles que traigan los mensajes de Dios a Su pueblo. Esta es la razón de por qué la perseverancia en la intercesión es tan importante.

Algunas veces, Dios te va a sacudir en medio de la noche, hasta que te pongas a orar. Al principio, tú no vas a tener idea alguna porque estás orando, pero de hecho, estas orando para que las puertas sean abiertas, y permitan el paso del cielo a la tierra, para que tú y todos aquellos por los que tú estás intercediendo, puedan recibir liberación y victorias. Debemos recordar que cuando oramos, Dios escucha y contesta. Pero existe un conflicto espiritual en los lugares celestiales, entre los poderes de Dios y los poderes del diablo, y algunas veces, se va llevar tiempo para qué llegue la manifestación de la respuesta. Nunca debemos rendirnos.

Tal y como escribí en mi libro *Una Revelación Divina de la Liberación*, varias veces mientras que estaba orando, pude ver visiones de lo que se veía como grandes panales en el cielo. Había ángeles que estaban atados en estos panales, y que habían sido puestos allí por fuerzas demoníacas. Yo les pedí a mis intercesores que oraran conmigo acerca de esta visión, que se repetía una y otra vez. Uno de los intercesores pudo ver la misma visión, pero también, pudo ver otro ángel del Señor con una espada enorme. Este ángel estaba parado detrás de estos panales, y él dijo, "pide al Señor que envíe ayuda desde el santuario".

> *Muchas de las batallas que enfrentamos, no son físicas, sino espirituales.*

Nos trabamos en una lucha espiritual muy profunda. Estuvimos orando por cinco horas, y a medida que orábamos, pudimos ver cómo los cielos se abrían, ¡y hubo ángeles que descendieron y rasgaron en pedazos esos panales! Ellos recogieron a cada uno de esos ángeles que habían estado atados, y los llevaron a un cierto lugar para que fueran restaurados. Y Dios comenzó a gritar diciendo "¡Finalmente, alguien ha creído que en el Nombre de Mi Hijo Jesús, pueden tener dominio sobre el príncipe del poder del aire, sobre los gobernadores de las oscuridades demoníacas, y sobre las maldades espirituales en los aires!" (Favor de ver Efesios 2:2, 6:12). Cuando yo fui al cielo, pude ver todo este ejército de liberación. La tierra necesita saber que este ejército está en el cielo, y que Dios lo usa para pelear en contra del reino de las tinieblas.

En Apocalipsis capítulo 12, podemos ver que cada uno de los intentos del diablo por derribar el Reino de Dios, fracasaron con una derrota total.

> *Entonces hubo guerra en el cielo: Miguel y sus ángeles combatieron contra el dragón. Y el dragón y sus ángeles lucharon, pero no pudieron vencer, ni se halló ya lugar para ellos en el cielo.* (Apocalipsis 12:7–8)

La voluntad de Dios no va a permitir que Su Reino o Su plan divino sean corrompidos, por medio de las prácticas malignas del diablo. Esta es la razón de por qué Él nos ayuda y levanta a cada uno que pertenecemos al Cuerpo de Cristo, por medio de la oración y de la exhortación. Dios sabe que las batallas que enfrentamos no son físicas, como nosotros muchas veces pensamos, sino que en realidad son espirituales.

INTERCEDIENDO POR LA SALVACIÓN

Una de nuestras principales funciones en la intercesión, es orar por la salvación de otros, e involucrarnos en la guerra espiritual a favor de ellos. Tal y como escribí anteriormente, cuando Dios te prepara, y comienza a mostrarte Sus visiones, tú debes tener un corazón puro, y debes estar listo para escuchar lo que Él deba decir, y todo aquello que te va a revelar. Esto se debe, porque, después de que Él te muestra ciertas cosas, nunca vas a volver a ser el mismo. Ya no te vas a sentir igual, y ya nunca vas a volver a actuar de la misma manera. Desde que el Señor se me apareció, y me mostró el infierno, ahora yo tengo una tremenda carga por los perdidos, la cual yo nunca experimenté antes de ir en mis viajes con Él.

Jesús me mostró que la mayoría de la gente en el infierno, son aquellos que han sido llamados por Dios, pero que siguieron rechazando el Evangelio una y otra vez. Ellos siguieron diciendo, "bueno, tal vez mañana seré salvo", hasta que finalmente fue muy tarde. El diablo los engañó, y entonces los mató. Todos ellos estaban involucrados en idolatría, sirviendo a otros dioses, y poniendo todas las cosas como su primera prioridad antes de Dios. En cada compartimiento del infierno, estaban todos aquellos que permanecieron continuamente en sus pecados; estaban llenos de odio y de resentimientos. Ellos rechazaron a Dios y se sometieron a las obras de su carne, en lugar de obedecer a Dios.

> *Dios quiere que la gente sea liberada, y que puedan cumplir la voluntad de Dios en su vida.*

Mientras que estamos aquí en la tierra, tenemos la oportunidad de darle la espalda a los engaños mentirosos del diablo, y ser salvos a través de lavamiento de la Sangre de Cristo Jesús. Podemos ser redimidos a través de *"sino con sangre preciosa, como de un cordero sin tacha y sin mancha, la sangre de Cristo"* (1ª Pedro 1:19). Dios te ama y lo que Él desea para nosotros es nuestra salvación. *"Si confesamos nuestros pecados, El es fiel y justo para perdonarnos los pecados y para limpiarnos de toda maldad"* (1ª Juan 1:9). Hay poder sanador en la Sangre de Jesús. Cuando la gente comienza a buscar a Dios, y a caminar en obediencia a Su Palabra, ellos son limpiados por la Sangre del Cordero:

> *Mas si andamos en la luz, como El está en la luz, tenemos comunión los unos con los otros, y la sangre de Jesús su Hijo nos limpia de todo pecado.* (1ª Juan 1:7)

En Hebreos capítulo 9, se nos recuerda que si el rociado de la sangre de animales, fue usado en una limpieza ceremonial para el hombre exterior, cuanto más poderosa es la Sangre de Cristo, para limpiarlos interna y externamente. (Favor de ver Hebreos 9:12–14). Esto es debido a que Jesús entró al lugar santísimo con Su propia Sangre Preciosa, y no debido a la sangre de un animal. (Favor de ver versículo 12).

Una vez que hemos sido redimidos por la sangre del Cordero, es nuestra responsabilidad revelarles a otros la forma, como ellos también pueden obtener el poder limpiador de la Sangre de Cristo:

> *Sepa que el que hace volver a un pecador del error de su camino salvará su alma de muerte, y cubrirá multitud de pecados.* (Santiago 5:20)

Por lo tanto, no sólo debemos orar por nosotros mismos, sino que también tenemos que llevar una carga por todos aquellos que no conocen a Jesús como su Salvador y Señor Personal. Él murió para que todos nosotros podamos tener el derecho de ir a la vida eterna.

> *Exhorto, pues, ante todo que se hagan rogativas, oraciones, peticiones y acciones de gracias por todos los hombres; por los reyes y por todos los que están en autoridad, para que podamos vivir una vida tranquila y sosegada con toda piedad y dignidad. Porque esto es bueno y agradable delante de Dios nuestro Salvador, el cual quiere que todos los hombres sean salvos y vengan al pleno conocimiento de la verdad.*
>
> (1ª Timoteo 2:1–4)

> *El Señor no se tarda en cumplir su promesa, según algunos entienden la tardanza, sino que es paciente para con vosotros, no queriendo que nadie perezca, sino que todos vengan al arrepentimiento.*   (2ª Pedro 3:9)

Sin importar qué es lo que tú o tus seres queridos están atravesando, tú tienes que creer en la promesa de Dios para lavar tus pecados, a medida que te arrepientes y volteas a Dios por Su salvación y Su ayuda.

Muchas veces me han hecho la siguiente pregunta, "¿si los individuos aman a Dios y orar a Él, pero se encuentran luchando con homosexualidad y con lesbianismo, acaso ellos van a ir al infierno?"

Yo no tengo la respuesta para esta pregunta, pero yo sé que Dios es un Dios de gracia, y que Su gracia está ahí para ayudarlos. La gente alrededor de toda la tierra está sufriendo, a medida que intentan liberarse de los espíritus malignos de la homosexualidad y del lesbianismo. Estos espíritus pueden entrar en cualquier persona. Ellos van a las gentes cuyas mentes y corazones están vendidos y dispuestos a involucrarse en todos estos tipos de acciones. Cuando tú oras por gentes que están luchando de esta manera, debes pedirle al Padre Celestial, que los suelte de sus ataduras, y que les quite el deseo que tienen para pecar, y que sustituya ese deseo por un deseo de hacer la voluntad de Dios.

> *Porque si vivís conforme a la carne, habréis de morir; pero si por el Espíritu hacéis morir las obras de la carne, viviréis. Porque todos los que son guiados por el Espíritu de Dios, los tales son hijos de Dios.*
>
> (Romanos 8:13–14)

ROMPIENDO LAS ATADURAS DEL DIABLO

Los hombres se encuentran enredados en todo tipo de asuntos y de ataduras

Dios quiere que la gente sea libre, y que sea capaz de cumplir Su voluntad en sus vidas. Desde hace varios años, he estado teniendo visiones en oración acerca de Dios levantando hombres y mujeres para Su gloria. Yo quiero enfocarme en lo que Él me ha mostrado acerca de los hombres. Me parece como si todos los hombres están enredados en todo tipo de asuntos. Me vino a la mente la Escritura en Gálatas 5:1 que dice, *"no os sometáis otra vez al yugo de esclavitud"*. Parecía como si cada uno de ellos tenía yugos de esclavitud alrededor, con todo tipo de obstáculos y ataduras. Los caminos que había delante de ellos estaban llenos de obstáculos, tales como dificultades económicas, problemas en sus hogares, y dificultades en sus trabajos. Todos aquellos que estaban casados, estaban encarando muchos problemas que no podían resolver; pero muy seguido, yo podía ver que unos pocos de ellos levantaban sus manos, alababan a Dios, y eran liberados. Las ataduras simplemente caían completamente de ellos.

Esta visión se repitió una y otra vez por poco más de cinco años. A medida que yo viajaba y hablaba con la gente, yo pude aprender que Dios había llamado a un número de hombres, los cuales nunca habían podido llevar a cabo su llamamiento espiritual. Debido a esto, existía un gran vacío en sus corazones. Ellos sabían que no podían entender sus llamamientos, pero parecía que no había nada que ellos pudieran hacer acerca de ello, porque el diablo les había arrojado tantos obstáculos y tantas ataduras en sus caminos. Para algunos de ellos, sus matrimonios terminaron en divorcio. Nunca pudieron llevarse bien con sus esposas, y había tantas discusiones y tanta división en sus hogares, que nunca podían realizar nada.

Mi corazón comenzó a tener gran compasión por estos hombres—para qué Dios los sacara de toda esa esclavitud, y que ellos pudieran obedecer a Dios, para que todas esas familias pudieran ser bendecidas, y que el Señor pudiera traer sanidad en cada asunto que tenía que ver con sus vidas. Me parecía que eran demasiados los niños, y que eran niños en edades muy pequeñas, los que estaban involucrados y heridos por medio de estas relaciones, siendo que todo esto nunca había sido ordenado por Dios.

> *El peligro de adelantársele a Dios, es estar encerrado en la necedad, y no poder recibir Sus instrucciones.*

Yo fui criada en una buena Iglesia, y aun desde pequeña fui enseñada a echar fuera demonios. Yo fui bendecida por medio de entender muchas palabras del Señor, pero aun así, nada de esto me detuvo de casarme con la persona equivocada. En el primer matrimonio escogí la persona equivocada, porque yo no quise escuchar la voz de Dios. Yo era joven, era muy tonta, y lo único que quería era salirme de mi casa.

En mi corazón, yo sabía que yo debía esperar hasta recibir la voz del Señor, pero debido a que yo no quería escuchar, el matrimonio terminó en divorcio cinco años más tarde. Terminé causando una serie de dolores de cabeza a mí misma, y mucho dolor, todo lo cual pudo haber sido evitado muy fácilmente, si yo hubiera dependido simplemente en la guía del Señor. Algunas veces, nos adelantamos a Dios, de tal manera que no estamos dispuestos a recibir Sus instrucciones.

Cuando nacemos, el enemigo sabe cuándo vamos a ser escogidos por el Señor para cumplir cierto llamamiento. Por lo tanto, él envía todo tipo de basura a nuestra vida, para detenernos y aún para paralizarnos completamente. El manda romances falsos y muchos otros poderes seductores. Es como el demonio seductor del cual hablé anteriormente. El diablo manda estos poderes seductores, para engañarnos y meternos a su reino demoníaco, deteniéndonos, para que no hagamos la voluntad del Padre Celestial.

Por esto es que es tan importante poder esperar en Dios, y poder escucharlo, a fín de recibir Sus instrucciones. Aún cuando somos jóvenes, atrevidos, y atontados por la juventud, creyendo que Dios realmente no habla con nosotros, Él sí lo hace, y es así, entonces, que debemos estar dispuestos a aprender a Escucharlo.

Estuve buscando el consejo del Señor acerca de lo que debía ser hecho con relación a estos hombres, que estaban entrometidos tan profundamente en todo tipo de ataduras. El llamamiento de Dios era muy fuerte para muchos de ellos, pero ninguno de ellos sabía cómo liberarse de sus ataduras. Yo oré para que todos ellos se involucraran en buenas iglesias, que les pudieran enseñar la Palabra de Dios, y oré por todas sus relaciones familiares, para que fueran sanadas. Muy frecuentemente, yo podía ver alguna visión donde alguno de estos hombres había sido liberado. Yo solía llamar alguna amiga que también es intercesora, y orábamos a Dios para que les ayudara a ellos y a sus familias, y para que cayeran sobre ellos las bendiciones de Dios.

A medida que continué en esto, yo pude ver a todos estos mismos hombres en diferentes visiones. Pasaban los años, pero ellos nunca podían llegar a cumplir el llamamiento de Dios. Entonces comencé a entender la forma como el diablo trabaja. Él evita que las cosas sucedan y se realicen en nuestra vida, y nos quiere atar, para que no podamos entender el llamamiento de Dios para nosotros. El diablo quiere que hagamos decisiones repentinas y rápidas, basados en nuestras emociones, en lugar de que nos basemos en la voluntad divina de Dios.

Los hombres de Dios marchando del desierto

Mas adelante, pude ver visiones de hombres que se encontraban en áreas boscosas, parados sobre el suelo que estaba lleno de hojas cafés y muy secas. Todos estos hombres estaban mirando hacia arriba, pero sus ojos estaban cerrados. Parecían estar aislados uno del otro en esta área boscosa. Yo podía tener una vista aérea de todos ellos, y pude notar que se parecía mucho a los hombres que yo había estado viendo una y otra vez en las visiones, por más de cinco años. Pude ver que algunos de estos hombres eran viejos y otros eran jóvenes; había hombres de todas las edades. De hecho, había un hombre que parecía estar en sus años ochentas, y yo pensé, *amado Dios, todos ellos han luchado tanto tiempo y en forma tan dura. Parece que no pueden salirse de esta área boscosa y de todas estas ataduras.* Todo esto lastimó mi alma.

Me puse a orar, y entonces llamé a una amiga que es una intercesora, y compartí esta visión con ella. Ella me dijo de inmediato, "vamos a orar". Oramos a Dios para que sacara y liberara a estos hombres, y para qué los sanara, porque había muchas heridas muy profundas en el corazón de ellos. A través del Espíritu Santo, yo pude percibir que algunos de ellos se encontraban muy solos y con muy poco dinero. Otros tenían mucho dinero, pero no tenían familia, y todo estaba tan triste en su vida.

Entonces pude ver unas gotas que caían sobre ellos; éstas gotas eran azules con una luz blanca dentro de ellas. Varias de éstas gotas caían en el rostro de los hombres y lavaban todo alrededor de sus ojos. Comencé a llorar y a gritar, "¡Jesús, por favor libera a estos hombres y permite que se muestren como un ejército poderoso en medio de esta tierra!" A medida que miré el lavamiento de sus ojos, sus ojos

> *Si la gente verdaderamente se arrepintiera, Dios podría salvarlos de cualquier cosa.*

comenzaron a abrirse. Mi compañera de oración me preguntó, "¿sabes lo que estoy viendo?"

"No", le dije. "Dime lo que estás viendo, y entonces te diré lo que yo estoy viendo".

"Yo puedo ver cómo Dios está llorando, y como todas estas lágrimas están cayendo en el rostro de estos hombres", ella comenzó a explicar.

"Yo pude ver que las lágrimas cayeron en sus ojos y comenzaron a lavarlos—¡eran unas lágrimas enormes! Yo pensé que esa lluvia sería muy rara".

Ella continúo, "el Señor está llorando por sus hombres y los está sacando, para que Él pueda usarlos, sin importar las circunstancias por las que ellos han atravesado, y lo que les ha acontecido. Si ellos pueden acercarse y arrepentirse verdaderamente, Dios puede salvarlos y también puede guardarlos".

Entonces pude ver pequeñas ramas, ramas más grandes, y toda la atadura por completo comenzó a caerse. Todos estos hombres que estaban parados en esta área sombreada, seguían aislados, levantando su pierna derecha, listos para marchar hacia adelante, y salir de las tinieblas, para entrar a la luz. Le dije a mi amiga lo que yo estaba viendo, y ella había visto exactamente la misma cosa; por lo tanto, comenzamos a buscar a Dios nuevamente, pidiéndole Su consejo, y que nos dijera cómo orar, porque realmente queríamos orar exactamente de acuerdo a la voluntad del Espíritu Santo. Oramos y buscamos el consejo del Señor, pidiendo que el amor de Dios cayera sobre cada uno de esos hombres.

A medida que estamos orando e intercediendo, el Espíritu del Señor trajo esta profecía:

> Voy hablar a estos huesos secos y ellos vivirán. Voy hablar a este ejército de hombres y ellos se van a levantar. Ellos van a salir de sus cuevas, de sus montañas, de sus desiertos y Yo los voy a usar en estos últimos días para hacer una obra que te va a asombrar; porque Yo Soy el Señor tu Dios y Yo voy a

hablar, y Mis lágrimas los están lavando en este momento. Y van a marchar en la tierra como un ejército poderoso. Y van a proclamar Mi destino y Mi Palabra. Estos hombres que Yo estoy levantando de todas sus batallas y luchas, han puesto sus ojos en Mí. Han tratado con todas sus fuerzas de hacer Mi voluntad. Pero ahora Yo estoy enviando Mis ángeles a destruir las ataduras que están alrededor de ellos: esos trozos de madera, las espinas, las ramas secas. Yo los voy a sacar de este desierto, y ellos van a proclamar Mi Palabra. Ellos van a marchar por toda la tierra y la van a poseer. Van a poseer toda la tierra para el propósito del Señor. Y el Señor está agradado, porque todo esto es para hacer valer Su justicia. Porque a través de la sangre de Mi Hijo que fue derramada, es que los cautivos son liberados, y serán liberados, porque esto va a traer placer al Señor tu Dios.

Escuché al Señor a medida que profetizaba acerca de Sus hombres, y comencé a ver una visión de estos hombres moviéndose hacia adelante, marchando y marchando, en línea recta hacia delante. Ellos no volteaban ni a la izquierda ni a la derecha, sino que estaban mirando directamente hacia adelante. Entonces pude ver muchas cosas buenas que se estaban realizando. Más adelante en la visión, pude ver algunos de estos hombres en oficinas, algunos otros en la televisión, y muchos de ellos se encontraban en sus rodillas, orando. Entonces pude verlos en diferentes aspectos del mundo, llevando a cabo el llamamiento que cada uno de ellos tenía. Algunos eran predicadores y otros no, pero todos ellos estaban dando dinero para el reino de Dios, y contribuyendo de alguna manera a edificarlo. Yo me encontraba tan sobrecogida de gozo, al poder ver cómo la mano de Dios había obrado esta grande sanidad en sus corazones, y como los había sacado a la victoria. Dios verdaderamente había declarado vida a todos estos huesos secos y muertos. ¡Gloria al Nombre del Señor!

Yo creo que éste es el día y la hora, en que Dios está levantando hombres alrededor de todo el mundo, que tienen mentalidad y unción para los negocios y para el ministerio. Siempre la han tenido, pero ahora es el día en que esto se va a dar a luz.

"Yo los voy a usar en estos postreros días, para hacer una obra que te va a asombrar".

Yo también creo que Dios va a colocar a todos los hombres que son solteros con mujeres de oración, y muchos de los ministerios que han sido detenidos y obstaculizados, van a ser fortalecidos, y van a poder avanzar hacia adelante hacia la victoria. Y tengo un sentir muy fuerte acerca de esto, porque va de acuerdo con una visión muy vívida que tuve una vez, donde había una gran montaña. El brazo del Señor estaba extendido, y Su mano derecha estaba viniendo y acercándose sobre esa montaña. Esta montaña tenía un área boscosa, pero había un claro donde se encontraban hombres de todas las edades, estaturas, y diferentes tipos, todos de pie, se veían como si fueran piezas de ajedrez. Yo observé esta visión, mientras que Dios tocaba a uno de los hombres y le hizo caer en tierra. Dios lo levantó por la cabeza y los hombros, y el hombre se convirtió en una pieza de madera.

Entonces pude ver al Señor que estaba mirando sobre la tierra, y colocó a este hombre junto a una mujer de oración. Pude ver a Dios que repitió este proceso durante un buen rato. Si había alguna mujer de rodillas orando, Dios colocaba a uno de estos hombres al lado de esta mujer. Entonces, el hombre volvía a recobrar su forma humana. El comenzaba a orar y a arrodillarse junto a esta mujer, y los dos se ponían a orar juntos. Continué observando la visión, a medida que Dios siguió repitiendo esto, hasta que la montaña quedó sin un solo hombre. Yo creo que esto representaba a los hombres solteros que han estado orando, para que Dios les mandara una esposa buena y santa.

A medida que yo vi otras visiones que tenían que ver con hombres que caminaban hacia adelante, yo sentí que todas estas visiones tenían un sentido común, y significaban que en ciertas áreas, Dios va a colocar a los hombres en la vida de ciertas mujeres, si es que las mujeres son capaces de esperar en Dios, y si no se adelantan a los planes de Dios.

Mujeres, yo sé lo difícil que es esperar algunas veces, pero éste es un requisito indispensable, si ustedes quieren permanecer dentro de la voluntad de Dios. Si Dios te ha hecho la promesa y ésta no se ha realizado todavía, tú necesitas seguir esperando por ella. Dios va cumplir Sus promesas. Dios es fiel. El es justo. El es un buen Dios.

SANANDO

Desde el más pequeño de los problemas, hasta los problemas más grandes, Dios tiene cuidado de cada aspecto de nuestra vida, y Él quiere que nosotros oremos e intercedamos por sanidad. Dios ha provisto grandes médicos, pero yo también creo en la sanidad por medio del toque del Maestro. Yo creo que cuando Jesús habla y declara una palabra de sanidad, ya sea que la enfermedad sea física, mental, o espiritual, nosotros podemos ser sanados por medio del sacrificio que Jesús hizo por nosotros.

> *Mas El fue herido por nuestras transgresiones, molido por nuestras iniquidades. El castigo, por nuestra paz, cayó sobre El, y por sus heridas hemos sido sanados.*
>
> (Isaías 53:5)

Jesús fue a la cruz, para que a través de Él, y en Su nombre, nosotros podamos ser sanados. El es el Sanador y Él es el Libertador.

El amor de Dios trae sanidad

Hace muchos años, mis primos y yo fuimos invitados a un programa de televisión en Tennessee, y estábamos hablando acerca de la realidad del infierno, y acerca de la salvación a través de Cristo Jesús. Cuando terminó el programa, yo regresé a la casa donde estaban todos mis otros familiares, y encontré que todos ellos habían estado bebiendo, y se encontraban muy borrachos. Yo pude notar que había un perrito muy pequeño que estaba arrastrando sus patas traseras como si estuviera lastimado o paralizado, y yo dije, "bueno, siendo que todos estos están tan borrachos, voy a orar por este perro". Ore por el perro, y comenzó a caminar normalmente. Mi tía estaba completamente sorprendida, y ella gritó "¡Oh Dios mío! ¡Te prometo que voy a dejar de beber!" Ese perro fue sanado, y pudo vivir durante muchos años.

En otra ocasión, me encontraba en la casa de alguien que era dueño de un gran perro bóxer. Este perro se me acercaba, y usando su nariz, ponía mi mano encima de su cabeza. Al principio, yo pensé que esto era muy raro pero entonces, yo decidí orar por este perro. El dueño del

> *Desde el problema más pequeño hasta el problema más grande, Dios tiene cuidado de nuestra vida.*

perro se me acercó y me preguntó, "¿Qué es lo que tú estas haciendo?" Yo le dije, "bueno, estoy orando por tu perro". El grito y dijo, "el tiene dos tumores en el cerebro". Cuando llevó al perro de nuevo con el veterinario, los tumores habían desaparecido. No es como si el perro hubiera tenido fe, sino que el perro pudo sentir la unción de Dios. ¿Por qué? Porque si algo es importante para nosotros, entonces es importante para Dios. Fue el amor de Dios lo que trajo la sanidad para ese animal. Si Dios puede sonar a un animal, ¿cuánto más no lo hará por nosotros?

Algunas enfermedades se deben a opresión demoníaca

En una ocasión, cuando yo fui invitada a predicar fuera de los Estados Unidos, el Señor abrió mis ojos, para que yo pudiera ver la potestad espiritual que estaba causando la manifestación de la enfermedad de un niño. Mientras yo estaba predicando, pude ver una sombra oscura alrededor del cuello del niño, que se asemejaba a una serpiente. Estaba viendo esta imagen desde un punto de vista espiritual, por supuesto, y no desde un punto de vista natural. El niño tenía como tres años de edad, pero debido a que no tenía fuerza alguna en su cuello, su cabeza se meneaba de un lado a otro.

El Señor me estaba mostrando que esta aflicción venía directamente del diablo, así que de inmediato, comencé a buscar al Señor y a orar en el Espíritu Santo, para que se efectuara esta liberación. Mientras yo estaba orando, la madre comenzó a llevar al niño en su carreola, por el pasillo, hacia el frente de la Iglesia. El Señor me habló y me dijo, "Después de que prediques, quiero que primeramente ores por éste bebé, y tú vas a ver cómo Yo remuevo esa serpiente. El bebé va a ser sanado, pero va a ser un proceso lento, debido a la debilidad que tiene este pequeño en su cuello".

Por lo tanto, escuché al Señor, y después del servicio me dirigí directamente hacia este niño, junto con algunos asistentes, y todos oramos en inglés. Pude ver que un ángel llegó y puso su mano en ese objeto oscuro, y lo desprendió del cuello del pequeño niño. Cuando el ángel jalo esto del cuello del niño, yo pude ver que se veía como una serpiente negra, que tenía como sesenta centímetros de largo. El ángel la sostuvo en su mano, y desde el aire vino la Palabra de Dios diciendo: "¡Por las llagas de Jesús tú eres sanado!" (Favor de ver Isaías 53:2–5). El ángel sacó la serpiente fuera de la Iglesia, y yo me puse a alabar a Dios.

El cuello del niño todavía estaba en un estado débil, y su cabecita seguía moviéndose de un lado hacia el otro, así que yo oré para que su cuello fuera fortalecido, y que esos huesos pudieran crecer derechos y fuertes. Todo lo que el Espíritu Santo me indicaba que yo orara, eso exactamente yo declaraba sobre ese niño, y lo ungía con aceite. Yo me encontraba tan contenta,

> *La oscuridad del diablo no es contrincante para la luz de Dios.*

y la madre estaba muy contenta también. Ella no pudo ver lo que yo veía, pero yo sabía que Dios había liberado ese niño, por medio de Su Palabra y de la oración. Jesús es el Libertador.

Ese niño pequeño, verdaderamente había sido atacado por el enemigo, y esto es lo que mucha gente está enfrentando hoy en día. Ellos se encuentran sintiendo el ataque brutal del enemigo. Muy frecuentemente, ellos no saben cómo contraatacarlo. Además de esto, muchos otros cristianos, algunas veces les dicen que sus enfermedades o pruebas se deben a algún pecado que tienen en su vida.

Es un concepto completamente equivocado, el hecho de decir que aquellos que se encuentran en medio de los ataques del diablo, o que han estado encarando pruebas, trajeron estas cosas sobre ellos mismos, debido a pecados que cometieron. Siendo que es verdad que podemos provocar heridas en nosotros mismos, y abrir la puerta a lo demoníaco, esto no siempre es el caso con relación a aquellos que caen presa de los crueles ataques del diablo.

Tal y como Jesús señaló a Sus discípulos en Juan 9, la razón de que alguna gente experimenta enfermedades o algunas otras situaciones problemáticas, es para que en sus vidas se pueda manifestar la obra maravillosa de Dios. Cuando Jesús y los discípulos se encontraron con el hombre ciego, los discípulos preguntaron, *"Y sus discípulos le preguntaron, diciendo: Rabí, ¿quién pecó, éste o sus padres, para que naciera ciego?"* (Juan 9:2). Ellos supusieron automáticamente que la ceguera era resultado de pecado. Sin embargo, Jesús rápidamente rectificó esta situación:

> *Ni éste pecó, ni sus padres, sino que está ciego para que las obras de Dios se manifiesten en él.* (Juan 9:3)

Jesús quería que los discípulos supieran, que a pesar de la ceguera del hombre, la luz de Dios podía brillar a través de sus circunstancias. La oscuridad del diablo no es contrincante para la luz de Dios. Jesús dijo, *"Mientras estoy en el mundo, yo soy la luz del mundo"* (Juan 9:5). Jesús también nos dijo que debemos ministrar en Su nombre y reflejar esa misma luz:

Vosotros sois la luz del mundo. Una ciudad situada sobre un monte no se puede ocultar; ni se enciende una lámpara y se pone debajo de un almud, sino sobre el candelero, y alumbra a todos los que están en la casa. Así brille vuestra luz delante de los hombres, para que vean vuestras buenas acciones y glorifiquen a vuestro Padre que está en los cielos. (Mateo 5:14–16)

Nada puede detener que la voluntad de Dios sea manifestada, y nada puede detener que Dios sea glorificado. Él puede tocarte en una manera que va a ser notoria, para que todos aquellos alrededor de ti, puedan notar un cambio increíble, a medida que el Espíritu de Dios brilla, a través de cualquier tipo de oscuridad que te ha estado impidiendo ver la verdad de Dios. Cuando Jesús sanó al hombre ciego, todos sus vecinos reconocieron el cambio que había ocurrido, aunque esto fue algo tan radical, que confundió a muchos de ellos. Todos ellos se preguntaron unos a los otros, *"¿No es éste el que se sentaba y mendigaba? Unos decían: El es; y otros decían: No, pero se parece a él. El decía: Yo soy"* (Juan 9:8–9). Y entonces, el hombre ciego— que ahora había sido sanado—testificó diciendo, *"Yo soy"* (Juan 9:9).

Justo antes de sanar al hombre ciego, Jesús había escapado de aquellos que querían apedrearlo. (Favor de ver Juan 8:59). Debes notar que mientras un grupo de gente estaba rechazando a Jesús, otro hombre estaba a punto de ver la luz de Dios y recibir un milagro. Nunca sabes cuándo el don de Dios está a punto de mostrarse y hacer un milagro. Esta es de la razón de por qué es tan importante orar y seguir buscando el rostro de Dios, aún cuando tú estás sintiendo que estás a punto de rendirte.

Entrenamiento en la sanidad

Muchas veces, Dios me ha hablado acerca de cómo orar por la gente para que reciban sanidad. Él comenzó entrenándome y mostrándome cosas que Él consideraba que yo era capaz de ver. Dios acostumbraba decirme, "ahora, algunas veces te voy a mostrar el cuerpo de alguna persona como se mira en una radiografía. Y tú vas a poder ver una mancha obscura aquí y allá, o tú vas a poder ver el espíritu de enfermedad, tal como aquel que tu viste en el cuello de ese niño". Y Dios dijo, "te voy a enseñar cómo orar. Tú tienes que tomar dominio sobre el diablo, y tienes que atar todas las potestades en el nombre de Jesús". (Favor de ver Marcos 3:27, Lucas 11:20–22). El Señor continuaba instruyéndome, "Cuando Yo te muestre estas cosas, definitivamente Yo voy a sanar estas gentes que están siendo afectadas por todas estas aflicciones. Debes recordar que no sólo te muestro esto para que tú puedas verlo. Yo te muestro todas estas cosas para que tú puedas pedirme a Mi, y que Yo los libere completamente. Y solamente Yo voy a tener toda la gloria y toda la honra".

"Oh", yo dije, "Jesús, eso es tan fácil, y yo quiero hacer eso. Yo no quiero ninguna gloria, ni ninguna alabanza. Todo el poder sanador viene de ti, Señor Jesús". Esta es la forma como el Señor comenzó a enseñarme acerca de los dones de sanidades, y de la palabra de ciencia. (Favor de ver 1ª Corintios 12:7–9).

Entonces el Señor comenzó a hablarme acerca como Él iba a obrar en mis servicios. El iba a poner ángeles detrás de las personas y me iba a llamar para que yo les diera una palabra de ciencia, y para que yo orara por ellas. Él me iba a mostrar señales, tales como una mancha en sus pulmones, una mancha en alguna de sus caderas, y de esa manera, Él me iba a instruir en la forma como yo debía orar, y entonces Él los sanaría. Él me iba a mostrar una señal completa de Su poder sanador en toda su manifestación. Era tan emocionante poder ver que los ángeles estaban presentes, y que la Palabra de Dios venía del aire como si fuera una espada. La Palabra de Dios penetraba igual como lo hace una espada, y llegaba hasta los lugares obscuros del cuerpo de una persona. Los ángeles, entonces, colocaban fuego en el lugar donde la enfermedad estaba ubicada, y quemaban totalmente esa enfermedad. *"Que hace de los vientos sus mensajeros, y de las llamas de fuego sus ministros"* (Salmo 104:4). Todo esto era como si se estuviera produciendo una guerra espiritual en cada uno de estos cuerpos, liberándolos a todos ellos de toda enfermedad y de todo padecimiento.

Señales de sanidades y de milagros

Dios me habló y me dijo, "Voy a hacer que tengas mucho éxito en ciertas partes del cuerpo humano". Cuando Jesús me mostró el infierno, la mayor parte del tiempo, Él estaba sosteniéndome por mi mano izquierda, a medida que caminábamos a través de los campos de los muertos, y de repente, Él se detenía y me explicaba cosas que estábamos viendo. Poco tiempo después de mi experiencia en el infierno, ésta palabra acerca de las sanidades comenzó a realizarse.

Cinco años más tarde, Dios me habló y me preguntó, "¿Sabes tú por qué te sostuve de tu mano izquierda en el infierno, y te mostré todas estas cosas?" Yo contesté, "no lo sé, Señor". El me explicó, "Te di un don especial de sanidad como señal en la tierra. Cada vez que tú hables acerca de la verdad del infierno, Yo te voy a decir que ores por ciertas personas, para que sus dientes, encías, y sus bocas sean sanadas. Voy a realizar milagros creadores. Voy a mostrar una señal en sus bocas por medio de hacer reparaciones milagrosas en sus encías y en sus dientes. Voy a hacer todo esto a Mi manera, no a tu manera, ni a la manera de ningún hombre".

Yo me encontraba muy emocionada, creyendo que Dios iba a ser exactamente lo que Él había dicho. Comencé a orar por las bocas y los dientes de las personas en los servicios, diciendo, "Dios va a reparar los dientes". Muchos se burlaron de mi, y me sentí perseguida, pero no me importó. Yo sabía que yo no era una dentista, y que era incapaz de hacer todas estas cosas, pero también sabía que Dios podía hacer cualquier cosa. Comencé a orar por gente alrededor de todo el mundo: Australia, Sudamérica, Escocia, Canadá y muchos otros países. Comencé a impartir mi don con algunos de los ministros y de los líderes. En forma asombrosa, a medida que oraba por los dientes de las gentes, tú de hecho, podías ver cómo Dios estaba poniendo esas amalgamas en sus dientes con oro y con plata.

Un día, y estaba orando por un bebé cuyos dientes delanteros estaban todos podridos. La mamá no tenía dinero para llevarlo a un dentista, y por lo tanto, yo oré por los dientes de ese pequeño, y diez minutos más tarde, Dios hizo que volvieran a crecer todos ellos. ¡Este testimonio nos asombró por completo! Yo viajaba a Canadá y solía ministrar a todos los indios americanos. Yo le pedía a Jesús que reparara sus dientes, y en forma milagrosa, Dios reemplazaba dientes perdidos, y llenaba con oro aquellos estaban

> *Continúa buscando el rostro de Dios, aún en aquellas ocasiones cuando sientes que estás a punto de rendirte.*

dañados. Esto nos emocionaba tanto que nos poníamos a gritar y a alabar al Señor.

En otra ocasión, una mujer joven que se llamaba Debbie había viajado desde muy lejos para asistir a uno de mis servicios, porque ella había escuchado que Dios hacia todas estas cosas. Debbie necesitaba amalgamas en algunos de sus dientes, y uno de sus dientes lo había perdido. Oramos, y dos semanas más tarde ella me llamó. Ella me dijo que se había despertado esa mañana, y que Dios le había dado un diente de oro en la parte de atrás de su boca. ¡Yo comencé a gritar y a alabar al Señor!

Nunca sabes cuándo Dios está a punto de realizar una de sus obras maravillosas. Tú puedes pasarte toda la noche orando y recibir el milagro de Dios un mes más tarde. Hubo pastores de Canadá que me llamaron por teléfono diciendo, "Mary, nos dijiste lo que Dios iba a hacer, y algunos de nosotros nos burlamos de ti, y ahora queremos decirte que lo sentimos mucho. Tres semanas después de que tú estuviste aquí, nuestros hijos se despertaron con todos sus dientes reparados por el Señor, ¡y nuestro dentista aquí estaba completamente sorprendido!" Yo dije, "¡Gloria al señor! Yo camino por fe y no por vista".

Cuando Dios escoge comenzar a usarte cómo un instrumento Suyo, para mostrar Sus obras maravillosas, El te separa y te pone aparte. Tú vas a comenzar a experimentar todas estas cosas junto con el Señor, y tú no vas a poder evitar compartirlas con muchas otras personas. Éstas son sólo algunas de las muchas experiencias milagrosas que he tenido con Dios, a través de la oración.

Nunca menosprecies la oración

Quiero concluir con un relato que ilustra el poder y la misericordia del Señor a favor nuestro. Hace varios años, después de que mi hijo Scott regresara a casa, después de haber servido en la marina, él se hizo adicto a las drogas. Un día, yo me encontraba de viaje, cuando de repente oí que el Señor me dijo, "Yo Soy el Camino, la Resurrección, y la Vida". Cuando yo escuché esto, pude sentir en mi espíritu que algo estaba mal. Por lo tanto, llamé a casa tratando de localizar a mi hijo. Cuando no pude localizarlo, llamé por teléfono a un hombre que era profeta y que escuchaba claramente la voz de Dios, y él me dijo, "Tu hijo ha muerto. Pero yo puedo ver su alma que sale de su cuerpo, y Dios está poniendo Sus manos alrededor de su alma, y regresándola a su cuerpo. Dios está volviendo a conectar el alma y el espíritu. Y él no va a morir, sino que va a vivir para poder declarar las obras del Señor".

Cuando finalmente pude entrar en contacto con mi hija sobre el teléfono, ella estaba gritando, "¡Mamá, Scott está muerto. Se lo llevaron al hospital!" Yo le respondí, "Oh, no. El no va a morir. Y además, él va a declarar las obras del Señor". Más tarde, pude entrar en contacto con Scott. El dijo que se había despertado en el hospital, y que estaba en una camilla, con una sábana que lo cubría totalmente. ¡El solo se levantó y se salió del hospital! Vale la pena ponerse a orar. Nunca debemos despreciar el poder de la oración, porque la oración realmente sí funciona.

Epílogo:

TRANSFORMADOS POR SU PRESENCIA; MINISTRANDO A TRAVÉS DE SU PODER

M is visiones del cielo revelaron la magnificencia de Dios, y la abundancia de Su grandeza. Pude ver que había habitaciones llenas de lágrimas, que son las lágrimas que él pueblo de Dios ha derramado, y que Dios las ha recogido. (Favor de ver Salmos 56:8). También pude ver las recompensas que nos van a ser dadas en el cielo (Favor de ver Apocalipsis 22:12), y había árboles cuyas hojas eran para la sanidad de las naciones; a medida que las almas entraban al cielo, eran llevadas hacia el río de la vida, y se les daban estas hojas de estos árboles, para que se las comieran. (Favor de ver Apocalipsis 22:2). Pude ver el trono de Dios muy en alto, y muy exaltado, con un arco iris que descansaba encima de él. Las vestiduras de Dios eran muy brillantes, y estaba cubierto con joyas. (Favor de ver Apocalipsis 4:2–3).

El cielo (y más adelante los cielos nuevos y la nueva tierra) es donde van a vivir todos los redimidos. Vamos a tener cuerpos glorificados, y Dios ha preparado bendiciones maravillosas para todos nosotros. Vamos a poder caminar en calles que están hechas de oro puro—y que a mí me gusta llamarlas el Boulevard Aleluya. Las puertas de la ciudad están hechas de perlas. (Favor de ver Apocalipsis 21:21). Es un lugar maravilloso.

> *Sino como está escrito: Cosas que ojo no vio, ni oído oyó, Ni han entrado al corazón del hombre, son las cosas que Dios ha preparado para los que le aman. Pero Dios nos las reveló por medio del Espíritu, porque el Espíritu todo lo escudriña, aun las profundidades de Dios.* (2ª Corintios 2:9–10)

> *Porque ahora vemos por un espejo, veladamente, pero entonces veremos cara a cara; ahora conozco en parte, pero entonces conoceré plenamente, como he sido conocido.* (1ª Corintios 13:12)

Esto es lo que Dios tiene en mente para todos nosotros, pero también necesitamos Amarle, confiar en Él, y Servirle con todo nuestro corazón.

> *Buscad al Señor mientras puede ser hallado, llamadle en tanto que está cerca. Abandone el impío su camino, y el hombre inicuo sus pensamientos, y vuélvase al Señor, que tendrá de él compasión, al Dios nuestro, que será amplio en perdonar.* (Isaías 55:6–7)

> *Dios, concedernos que, librados de la mano de nuestros enemigos, le sirvamos sin temor*

en santidad y justicia delante de El, todos nuestros días. Y tú, niño, serás llamado profeta del Altísimo; porque irás delante del Señor para preparar sus caminos; para dar a su pueblo el conocimiento de la salvación por el perdón de sus pecados, por la entrañable misericordia de nuestro Dios, con que la Aurora nos visitará desde lo alto, para dar luz a los que habitan en tinieblas y en sombra de muerte, para guiar nuestros pies en el camino de paz. (Lucas 1:74–79)

Ya sea que estemos conscientes de ello o que no lo estemos, todos nosotros necesitamos a Dios, en todas y cada una de las facetas de nuestra vida. Él no quiere nuestro dinero, ni nuestras riquezas. Él quiere que nosotros tengamos comunión con Él, y que participemos en Sus obras divinas aquí en la tierra, por medio de la oración, la intercesión, y de muchos otros ministerios. Las experiencias que he tenido a través de la oración, han sido tan grandes, que nadie jamás me podría haber convencido, para que yo menospreciara la importancia de la oración.

> *Las experiencias que he tenido en la oración, han sido tan grandes, que nadie podría hacerme menospreciar su importancia.*

La oración tiene la habilidad de poder transformarnos, y de poder transformar a toda la sociedad. A medida que tenemos comunión con el Señor, vamos a ser cambiados, por el poder de Su presencia. Entonces, podremos descubrir quiénes somos, y cuáles son los propósitos que Dios tiene para nosotros, de tal manera que podamos cumplir Su voluntad para nosotros en esta tierra. Este es el día de la manifestación espiritual, cuando las oraciones van a ser contestadas más rápidamente que nunca antes. Por lo tanto, debemos prepararnos, no sólo para recibir cosas de Dios, sino también para compartir a los demás la importancia que tiene la oración.

Éste Dios Todopoderoso a Quien servimos tiene que ser exaltado.

Gloriaos en su santo nombre; alégrese el corazón de los que buscan al Señor. Buscad al Señor y su fortaleza; buscad su rostro continuamente. (1ª Crónicas 16:10–11)

A través de todos nuestros viajes, hemos tenido la oportunidad de ser testigos del poder de la oración, sobre todos aquellos a quienes hemos ministrado. Es nuestra oración que tú puedas abrazar todas estas verdades tan valiosas, y todos los principios de este libro, y que los puedas usar en tu vida diaria. Que no sólo encuentres todo este material como algo meramente informativo, pero que también pueda penetrar a tu espíritu, de tal manera que puedas comenzar a experimentar las bendiciones y el poder de Dios a través de la oración.

Jesús dijo,

Y El les dijo: Por vuestra poca fe; porque en verdad os digo que si tenéis fe como un grano de mostaza, diréis a este monte: "Pásate de aquí allá", y se pasará; y nada os será imposible.   (Mateo 17:20)

En el versículo 21, Jesús le recuerda a los discípulos que el demonio que habían estado tratando de echar fuera, sólo podía ser removido por medio del ayuno y la oración. (Favor de ver versículo 21).

> *Las oraciones son contestadas a través de nuestra conexión con Dios, que responde a nuestro amor, a nuestra fe, y a la obediencia que mostramos para hacer Su voluntad.*

Sin embargo, en primer lugar, Él quería que ellos pudieran entender el poder de la fe. Se requiere de fe, que sea sólo del tamaño de una semilla de mostaza, para poder mover obstáculos inamovibles. Cuando recordamos que Dios es quien está moviendo las montañas, y que no somos nosotros, esta declaración comienza a tener sentido. La oración nos está invistiendo de poder, porque no son las palabras que decimos, las que echan fuera los demonios, o por las que se realizan sanidades, o las que traen salvación. Al contrario, es nuestra conexión con Dios, a través de Cristo Jesús, la cual responde al amor que tenemos por Él, a la fe que tenemos en Él, y a nuestra obediencia para hacer Su voluntad.

Por favor ora con nosotros.

ORACIÓN PARA PONERNOS DE ACUERDO,
UNOS CON OTROS.

Padre Celestial,

Oramos en el Nombre de Jesús, para que las oraciones de este lector o lectora sean contestadas de acuerdo a Tu voluntad divina, la cual sobrepasa todo entendimiento, y que Tu unción lo llenen por completo en este momento. Permite que las palabras que él o ella acaba de leer, se conviertan en una presencia permanente, e imparte a tu siervo o sierva, poder de lo alto, para que pueda vencer cualquier obstáculo que intente detenerlo o atar el éxito que está supuesto a tener en su vida. Que este lector o lectora pueda alcanzar un nuevo nivel de unción, que le dé la capacidad de echar fuera todo principado y toda potestad, para que pueda experimentar una completa victoria en cada área de su vida. En el nombre de Jesús, amén.

—*Mary K. Baxter* y *George G. Bloomer*

Apéndice:

TU PLAN ESTRATÉGICO PARA LA ORACIÓN

E s necesario tener un plan estratégico, para que puedas incorporar la oración como parte integral de tu vida. Aprender a orar y practicar la oración, no van a venir en forma automática. Pero, tal y como lo hemos visto anteriormente, la oración es esencial para nuestra vida espiritual. A medida que comenzamos a ver la oración como un medio de vida, en lugar de verlo como un rito religioso, y a medida que desarrollamos una relación mucho más íntima con el Padre Celestial, y a medida que experimentamos el poder de la oración, ya no vamos a tratar de forzar la oración dentro de nuestros horarios tan ocupados, sino que vamos a organizar toda nuestra vida alrededor de la oración, considerándola como el centro de nuestros planes.

A continuación te doy algunas sugerencias para que puedas desarrollar una vida de oración, basado en las verdades y los principios de *Una Revelación Divina de la Oración*, incluyendo preguntas de reflexión, y planes estratégicos con ideas que corresponden a cada capítulo. Sugerimos que compres una libreta de notas, un cuaderno, una carpeta de argollas con hojas, donde tú puedas escribir las respuestas a todas estas preguntas de reflexión, así como tu plan personal y tu estrategia para incorporar la oración en tu vida diaria. Entonces, debes usar todo aquello que has escrito, para revisar tu avance y tu crecimiento, y debes escribir todas las respuestas que has recibido a tus oraciones, a medida que avanzas en tu relación con tu Padre Celestial.

CAPITULÓ 1: ¿ACASO DIOS REALMENTE ESTÁ ESCUCHANDO?

Reflexionando en oración:

- ¿Cuál es tú experiencia con la oración en tu vida diaria?

- En el pasado, si tus oraciones no parecían haber sido contestadas, ¿acaso esto ha afectado tu relación con Dios?

- ¿De qué manera te has rendido para no seguir buscando a Dios? ¿Acaso has dejado de creer que Dios puede contestar cierta oración? ¿Por qué?

- ¿Cuáles son algunas de las razones por las cuales tus oraciones tal vez no se han manifestado?

- Todo aquello que Dios realiza en el mundo espiritual, va a ser manifestado en el mundo físico, en el tiempo de Dios, a medida que Oramos y tenemos fe en Él. ¿Cómo ha afectado tu manera de pensar acerca de las oraciones "no contestadas" este tipo de conocimiento?

Tu plan estratégico:

1. Debes poner a Dios en primer lugar, por medio de pasar tiempo de calidad con Él. Sólo derrama tu corazón ante Él, sé honesto con Él, y entrégale toda tu vida. Si tú has estado enojado con Dios, debido a que has pensado que Él no estaba contestando tus oraciones, pídele perdón a Dios, y pídele que Te llene con Su amor.

2. ¿Qué clase de cambios necesitas hacer en tu vida? Escribe algunas de las cosas que has tenido miedo de hablar con Dios, y comienza a orar por ellas diariamente, pidiendo una liberación completa. Entonces, observa a medida que Dios empieza a moverse milagrosamente, quitando todas esas montañas de tu vida, y llenándote con Su poder.

3. Cuando parezca que Dios no está escuchando, debes permitir que la fe te guíe en el camino, hasta que se haga visible la manifestación de aquello por lo cual has estado orando. La función de la fe es transferirnos de la manera humana de pensar, a una mentalidad espiritual, para que ya no pensemos o actuemos basados en nuestras limitaciones físicas. ¿Qué es lo que dice la Palabra de Dios acerca de la situación más difícil que estás enfrentando? ¿Que dice la Palabra de Dios, que Dios va a hacer por ti, a medida que tú confías en Él?

4. Debes enfocarte en Dios, y no en las circunstancias alrededor de ti.

*Y a aquel que es poderoso para hacer todo
mucho más abundantemente de lo que pedimos o entendemos, según el poder que obra
en nosotros, a El sea la gloria en la iglesia y
en Cristo Jesús por todas las generaciones,
por los siglos de los siglos. Amén.*

(Efesios 3:20–21)

5. El componente más importante de la oración,
   es el hecho de tener una relación con Dios,
   a través de Cristo Jesús. Si tú no has tenido
   este tipo de relación, y quieres tener un nuevo
   comienzo en tu vida, tú puedes tenerlo en este
   momento, por medio de hacer esta oración en
   voz alta, con un corazón completamente sincero:

Señor Jesús,

Yo necesito tener un nuevo comienzo el día
de hoy. Yo sé que Tú has estado tratando
conmigo, y yo Te necesito más y más cada
día. En el Nombre de Jesús, humildemente
vengo ante Ti. Yo creo que Tú eres el Hijo
de Dios, y que Tú has muerto por mis pecados. Perdóname de todos mis pecados. Yo
quiero entregarte mi corazón, Señor Jesús.
Entra en mi corazón y en mi vida, y lléname
con Tu Espíritu Santo. Dirígeme y guíame.
Gracias por darme este nuevo comienzo el
día de hoy. Amén.

Tu puedes escribir una oración personal en
este espacio:

_____

_____

_____

_____

_____

_____

_____

_____

_____

PENSAMIENTO:

Acercarse a Dios sólo se encuentra a una
oración de distancia.

CAPITULÓ 2: EL "CÓMO" LE PERTENECE A DIOS

Reflexionando en oración:

- ¿Cuáles son las respuestas a la oración que tú has podido reconocer, y que ha transcurrido algún tiempo antes de que las hayas recibido?

- ¿En qué ocasiones han llegado las respuestas a tus oraciones en una forma que tú no esperabas?

- ¿Normalmente o frecuentemente tu quieres que Dios conteste tus oraciones en una forma específica? Si es así, ¿en qué forma?

- ¿Cómo reaccionas tú hacia Dios, cuando Él te contesta en una manera que tú no estabas esperando—o que a ti no te gusta?

- ¿Estás convencido realmente que Dios dentro de Su corazón, conoce qué es lo que más te conviene? Explica por qué sí o por qué no.

Tu plan estratégico:

1. La Palabra de Dios es tan viva hoy en día, como siempre lo ha sido, pero nuestra resistencia a creer en ella, muy frecuentemente destruye el camino para recibir lo que Dios quiere darnos. Ofrécele a Dios tus peticiones, basándose siempre en Su Palabra, y entonces siéntate, y permítele a Dios que conteste tus oraciones, de acuerdo a Su voluntad divina, y en Su manera, la cual siempre va a ser única. No le digas cómo es que Él tiene que contestarte, pero al contrario, dale gracias por contestar tus oraciones.

2. Tú no vas a poder recibir los beneficios de la oración, por medio de estarte rindiendo continuamente y dejar de orar a Dios. Debes leer y debes meditar en las Escrituras, declarando que Dios siempre cumple Sus promesas. (Favor de ver, por ejemplo, Salmo 119:160, 2ª Pedro 1:3-4, Hebreos 10:23).

3. Debes darle gracias a Dios, lleno de gratitud por todas las respuestas a tus oraciones que se tardaron, y que no esperabas en ese momento, pero que ahora te das cuenta, que todo esto actuó a tu favor.

4. ¡Nunca te rindas! (Favor de ver por ejemplo, Lucas 18:1 y Gálatas 6:9).

PENSAMIENTO:

Dios siempre tiene una mejor visión en Su mente, de lo que nosotros podemos ver.

CAPITULÓ 3: BUSCANDO RESPUESTAS EN LOS DIOSES FALSOS

Reflexionando en oración:

- ¿Alguna vez has ido a buscar respuestas para tu vida, en las fuentes de recursos humanas o en las fuentes de recursos demoníacas? ¿Cuáles han sido? ¿Cuál fue la razón de que te rendiste y dejaste de pedirle a Dios?

- Si alguna vez has considerado la astrología y todo lo paranormal, como algo indefenso, divertido o compatible con el cristianismo, ¿cuál es tu opinión de ellos, ahora que has leído el capítulo tres?

- ¿Cuáles son las consecuencias de involucrarse en actividades y ritos demoníacos?

- ¿Alguna vez has deseado tener una señal de Dios, mas que tener una verdadera relación con Él, tal como lo hicieron los fariseos? Si fue así, ¿por qué lo deseaste?

- ¿Por qué el Dios Todopoderoso no te da información acerca del futuro?

Tu plan estratégico:

1. Debes arrepentirte sinceramente, y pedirle a Dios que te perdone, si es que tú te has involucrado en cualquier forma de actividad psíquica, ritos demoníacos, adivinación, brujería, o cualquier otro aspecto del ocultismo o de lo paranormal.

2. En lugar de estar buscando respuestas en las fuentes de recursos falsas y demoníacas, debes pedirle a Dios que te de Su sabiduría y Su entendimiento para tu vida. Debes reconocer que Dios es tu Verdadero Recurso. (Favor de ver Isaías 45:6). Debes permitir que Su voz sea la única que tú vas a escuchar.

3. Debes considerar la forma como has estado tratando de controlar tu vida, en lugar de permitir que Dios te dirija y te guíe. Una vez que consideres esto, debes darle el control total de tu vida a Dios, y debes confiar en Él para tu presente y para tu futuro. Debes meditar en Escrituras tales como Deuteronomio 33:26–27 y Romanos 8:35–39.

4. En lugar de estar preocupado acerca de cómo van a suceder las cosas en tu vida, debes concentrarte en amar, confiar, y en servir a Dios, estando asegurado que toda Su bendición va a caer sobre ti. (Favor de ver Jeremías 29:11, Hechos 1:7–8, Efesios 3:17–19, 1ª Juan 4:16, Isaías 26:3–4).

5. Debes leer y estudiar la Palabra de Dios, para que no seas engañado por todos aquellos que

dicen conocer y amar a Dios, pero que se encuentran involucrados en prácticas paganas.

PENSAMIENTO:

Porque no nos ha dado Dios espíritu de cobardía, sino de poder, de amor y de dominio propio.
(2ª Timoteo 1:7)

CAPITULÓ 4: COMUNICÁNDOSE CON EL PADRE CELESTIAL

Reflexionando en oración:

- ¿Acaso Dios es la primera prioridad en tu vida? ¿Acaso has podido reconocer la necesidad que tienes de tener tiempos a solas con Dios, a fin de poder adorarle, y poder escuchar palabras que vengan de Él?

- ¿Qué es lo que te distrae para que no te comuniques, ni tengas comunión con tu Padre Celestial?

- ¿Qué significa "orar sin cesar"?

- ¿Cuáles son los beneficios de tener comunión con el Padre Celestial?

- ¿Cuáles son algunas de las claves que nos ayudan a determinar la verdadera voz de Dios en la oración?

- ¿Cómo es que nuestra comunión con Dios le puede ayudar a otras gentes también?

Tu plan estratégico

1. Haz una lista de las distracciones que te impiden tener comunión con Dios. Una vez hecho esto, planea alguna provisión que te permita tratar con estas distracciones, ya sea que esto signifique hablar con Dios en silencio cuando otros están alrededor, dedicar una habitación especialmente para la oración, poner una señal de "no molestar" en tu puerta, apagar la televisión, desconectar el teléfono, limpiar tu mente de todas las ocupaciones del día, y otro tipo de provisiones como estas.

2. Debes buscar convertirte en uno con Dios, por medio de orar para que los pensamientos de Dios se conviertan en tus pensamientos, y que los caminos de Dios se conviertan en tus caminos. (Favor de ver Salmo 1:1–3, Isaías 55:8–9). Entonces debes continuar leyendo, estudiando, meditando, y obedeciendo la Palabra de Dios, para que continuamente puedas estar obteniendo la sabiduría y el conocimiento de Dios.

3. Debes orar por ti y por otras personas, lo mismo que Pablo oró por los Efesios, para que tú y ellos puedan ser fortalecidos espiritualmente, por medio de tener comunión con el Padre Celestial, a través del Espíritu Santo:

Que os conceda, conforme a las riquezas de su gloria, ser fortalecidos con poder por su Espíritu en el hombre interior; de manera que Cristo more por la fe en vuestros corazones; y que arraigados y cimentados en amor, (Efesios 3:16–17)

4. A medida que oras, debes asegurarte que no solamente le estás dando a Dios tus peticiones, sino que también estás escuchándolo, por medio de darle tiempo para que Dios te hable, mientras tú esperas quietamente. Debes recordar y evaluar los pensamientos y las impresiones que tú recibes, de acuerdo a las normas que mencionamos en las páginas 94–95.

5 Debes separar tiempos dentro de la oración, para adorar a tu Padre Celestial y para alabarle por toda su bondad.

6. Debes desarrollar un estilo de vida que tenga una comunión muy abierta con Dios, a través de todo el día, por medio de estar disponible para Dios, a través de la oración, y a través de estarlo sirviendo, y por medio de estar en contacto continuo con Su presencia, reconociéndole en todas las cosas.

PENSAMIENTO:

"¿Quién se atrevería a arriesgar su vida para llegarse a mí?"—declara el Señor.

(Jeremías 30:21)

CAPITULÓ 5: SEÑOR, ¡AYÚDAME A ORAR!

Reflexionando en oración:

- ¿Cuáles son las desventajas de no tener una verdadera humildad?

- ¿Alguna vez les has anunciado a otras personas, o te has afirmado a ti mismo, lo que Dios iba a hacer en tu vida, y de inmediato, fuiste atacado por el enemigo con duda o desánimo? ¿Cómo respondiste a esto?

- ¿Alguna vez has orado, sólo para lucirte ante los demás, o para parecer "muy espiritual" ante los ojos de otras personas? ¿Cómo te sientes cuando tú ves que otras personas hacen esto? ¿Qué es lo que perdemos cuando oramos de esta manera?

- ¿De qué manera orarías diferente, si pudieras recordar que Dios conoce todas tus necesidades aún antes de que tú Se las preguntes? (Favor de ver Mateo 6:7–8).

- ¿Estarías de acuerdo con esta declaración: "cualquiera que sea la voluntad de Dios para mi vida, está bien"? ¿Por qué sí o por qué no?

- Tú tienes la tendencia a regocijarte sólo cuando las cosas van bien, ¿de qué forma puedes aprender a regocijarte cuando atraviesas tiempos difíciles?

Tu plan estratégico

1. Cuando el enemigo te ataca con duda o con desánimo, con relación a la voluntad de Dios y a las

UNA REVELACIÓN DIVINA DE LA ORACIÓN

promesas que Él tiene para ti, debes pedirle a Dios que te fortalezca, y que te guíe, para que puedas permanecer enfocado, y que no te rindas, y dejes de creer.

2. Para poder mantener una comunicación abierta con Dios, debes arrepentirte y pedir perdón por todos los pecados de que estés consciente en tu vida, y volver a dedicarte a buscar el carácter y los caminos de Dios. También debes pedirle a Dios que te revele todos tus pecados ocultos, para que también puedas arrepentirte de ellos. (Favor de ver Salmo 19:12–13).

3. Debes revisar el modelo de Jesús para la oración, el cual se encuentra en Mateo 6:9–13, así como todo el material que tiene que ver con ello, y que se encuentra en el capítulo cinco. Aunque las palabras pueden sonar familiares, debes leerlas una y otra vez, y considerarlas muy cuidadosamente. Entonces, debes incorporar su significado y sus verdades a tus oraciones diarias.

4. Jesús nos dio un ejemplo muy hermoso de la sumisión al Padre Celestial, cuando Él oró, *"No sea hecha a mi voluntad, sino la Tuya"* (Lucas 22:42). ¿Alguna vez has tenido problemas en darle el control de tu vida a Dios? ¿Acaso te encuentras desperdiciando tiempo con cosas que no tienen que ver con la voluntad de Dios? Debes recordar que la torre de Babel fue un desperdicio de tiempo y de dinero, y que dio como resultado confusión y destrucción en la vida de todos los participantes. (Favor de ver Génesis 11). Debes pedirle a Dios

que te dé el deseo de buscar sólo Su voluntad. David oró, *"Restitúyeme el gozo de tu salvación, y sostenme con un espíritu de poder"* (Salmo 51:12). Tenemos esta misma confirmación en Filipenses 2:13 que dice, *"Porque Dios es quien obra en vosotros tanto el querer como el hacer, para su beneplácito"*.

5. Debes hacer una lista de cosas en tu vida, por las cuales tienes gratitud. Entonces, debes ofrecer tu gratitud a Dios.

6. El modelo de Jesús para la oración termina con, *"Porque Tuyo es el reino, el poder, la gloria por los siglos de los siglos, amén"* (Mateo 6:13). Debes incorporar alabanza, acciones de gracias, y adoración que salga desde el fondo de tu corazón, en todas tus oraciones diarias.

PENSAMIENTO:

Venga tu reino. Hágase tu voluntad, así en la tierra como en el cielo.

(Mateo 6:10)

CAPITULÓ 6: VENCIENDO OBSTÁCULOS PARA LAS RESPUESTAS DE LAS ORACIONES

Reflexionando en oración:

• ¿Qué es lo que la gente orgullosa siempre trata de evitar? ¿Dónde es donde ellos terminan irremediablemente? (Favor de ver Proverbios 11:2).

- Mary Baxter dijo que el perdón fue un requisito para que ella pudiera recibir revelaciones de Dios. ¿Por qué crees tú que esto era así?

- ¿Por qué es que, muy frecuentemente, somos confrontados por más retos, a medida que crecemos más en la Palabra de Dios?

- ¿Qué debes hacer cuando tú cometes errores, o cuando caes en tu caminar cristiano? ¿Cómo pueden ser usados los errores para bien en nuestra vida?

- Mary Baxter habló acerca del "demonio seductor" que seduce a la gente hacia un comportamiento que es destructivo, y que va en contra de la voluntad y de los propósitos de Dios. ¿En qué área de tu vida estás teniendo actualmente más dificultad para resistir a la tentación?

- ¿Cual es la mejor defensa en contra de las ataduras u obstáculos que vienen en contra de las respuestas de las oraciones?

Tu plan estratégico:

1. Cada uno de nosotros luchamos en ciertas áreas más que los demás. Pero todos nosotros batallamos de alguna manera con cada una de las siguientes ataduras, que vienen en contra de las respuestas de la oración. Debes revisar cada una de estas áreas, pidiéndole a Dios que te revele cómo están afectando tu relación con Él y con otras personas, así como tu bienestar personal. Debes pedirle a Dios que te ayude a vencerlas por medio de Su Espíritu Santo, y que te llene con el fruto del Espíritu Santo.

(Favor de ver Romanos 8:13–14, Gálatas 5:22–23).

- *Falta de un corazón puro* (incluyendo todo tipo de deshonestidad con Dios, incluyendo el hecho de cubrir tu verdadera naturaleza, y el hecho de negar tu condición real).

- *Ignorar "las cosas de mayor importancia"* (incluyendo la complacencia hacia el pecado, el hecho de enfocarse en ritos religiosos y en superficialidades, en lugar de enfocarse en el amor, la compasión, y la justicia, de acuerdo a la naturaleza de Dios).

- *Enojo y falta de perdón* (incluyendo todo tipo de amargura, falta de amor hacia los demás, guardando resentimientos, y ser ofendido muy fácilmente).

- *Orgullo* (incluyendo el hecho de no poder admitir tus errores, no tomar la iniciativa para corregir errores, ni para cambiar tu comportamiento, y también el hecho de endurecer tu corazón hacia Dios).

- *Falta de crecimiento espiritual* (incluyendo todo tipo de apatía espiritual, no habiendo podido nacer de nuevo, y no poder recibir el Espíritu de Dios, para que te capacite y que puedas crecer, no poder progresar de la "leche" de la Palabra de Dios, hacia la "carne" de la Palabra de Dios. [Favor de ver 1a Corintios 3:2, Hebreos 5:12–14]).

2. En cualquier área que tú tengas mayor dificultad para poder resistir a la tentación, debes

orar por la gracia de Dios, y para que la Sangre de Jesús te cubra, debes orar pidiendo liberación en el Nombre de Jesús, de cualquier fuerza demoníaca que trate de controlar esto, y debes orar pidiendo que Dios te dé la habilidad para poder resistir a la tentación, por medio del poder del Espíritu Santo.

PENSAMIENTO:

Porque si vivís conforme a la carne, habréis de morir; pero si por el Espíritu hacéis morir las obras de la carne, viviréis. Porque todos los que son guiados por el Espíritu de Dios, los tales son hijos de Dios.

(Romanos 8:13-14)

CAPITULÓ 7: UNA VIDA DE SACRIFICIO

Reflexionando en oración:

- ¿Qué tan seguido dedicas tiempo a solas con Dios, en quietud y en intimidad con Él? ¿Cuál ha sido tu experiencia cuando has hecho esto?

- ¿Acostumbras ir deliberadamente ante Dios, llevándole todos tus problemas y preocupaciones, o prefieres normalmente depender sólo en tus amigos, familiares, conocidos, o gente de los medios de comunicaciones para que te den consejo acerca de tu vida?

- ¿Acaso estás experimentando algún tipo de dolor espiritual que te está apartando de Dios, y que está haciendo que no puedas obedecer Su Palabra, siendo que al contrario, tú deberías estar acercándote más y más a Él?

- ¿Qué es lo que Mary Baxter aprendió acerca de la "vida sacrificada", y acerca de "morir a nosotros mismos" de la visión que ella recibió?

- ¿Cual es el lugar más seguro para poder encontrar reposo, cuando nos encontramos en medio de pruebas y de tensiones emocionales?

Tu plan estratégico:

1. Cuando tomamos el "yugo" de Jesús, esto nos capacita para que podamos tener paz y fortaleza en medio de las tribulaciones y problemas de la vida. Esto también nos ayuda a desarrollar la intimidad que tanto necesitamos tener con Él. Debes aceptar la invitación de Jesús que se encuentra en Mateo 11:28–30, para que puedas recibir refrigerio y reposo a través de Su presencia y a través de Su dirección y guía en tu vida.

- *"Venid a Mí"*: Debes rendir tu voluntad a Jesús, y debes reconocerlo como el Único Señor de tu vida. Debes pasar tiempo en la presencia del Padre Celestial, acudiendo a Él en el nombre de Jesús. Debes descargarte de todo tipo de cargas, entregándole tus problemas a Dios, y pidiéndole que te dé Su consejo y dirección para tu vida.

- *"Tomad Mi yugo sobre vosotros"*: Debes pedirle al Padre Celestial, en el nombre de Jesús, que te ayude a reconocer cualquier carga que haya en tu vida, y que no viene de Él. Debes orar para que Él te ayude a deshacerte de ella, y a cambiar tu perspectiva y las prioridades en tu vida, para que todo esto pueda coincidir con la voluntad de Dios para ti. No podemos hacerlo todo en esta vida, y por lo tanto, debemos pedirle a Dios que nos ayude para que podamos ver lo que sí debemos hacer, y entonces comenzar a hacerlo basados en Su fortaleza.

- *"Aprended de Mí"*: Debes tomar tiempo en forma regular, para sentarte y poder estar en la quietud, y ante la presencia de Jesús, por medio de la oración, y por medio de aprender a familiarizarte con Su voz, para que puedas recibir Su sabiduría, Sus conocimientos, y Su guía. Debes dedicar tiempo a leer la Palabra de Dios, para que puedas aprender los verdaderos caminos y pensamientos de Dios. Debes pedir que el Espíritu Santo traiga a tu memoria todo aquello que has leído en la Palabra de Dios, y que tú necesitas especialmente, para la situación que estás viviendo en este momento.

2. Sacrificio involucra cumplir el llamamiento de Dios para tu vida, e incluye dedicar tiempo a orar, a estudiar Su palabra, y a interceder por ti mismo y por los demás. Debes pedirle a Dios que te ayude a hacer esto, a medida que tú sigues la guía de Su Espíritu Santo. El sacrificio no es algo rígido. Esto es algo muy gozoso y muy liberador. Dios quiere que tú tengas equilibrio y una vida abundante. (Favor de ver Juan 10:10). Sacrificio va a involucrar el hecho

de negarte a tus deseos egoístas y a la naturaleza pecaminosa, reemplazando estos, con los deseos o los caminos de Dios. Pero a final de cuentas, debes pedirle a Dios que te permita ofrecerle tu vida como un sacrificio aceptable y completo para Él, y que tú puedas permanecer sujeto a Dios continuamente.

PENSAMIENTO:

Por consiguiente, hermanos, os ruego por las misericordias de Dios que presentéis vuestros cuerpos como sacrificio vivo y santo, aceptable a Dios, que es vuestro culto racional.

(Romanos 12:1)

CAPITULÓ 8: ACTITUDES Y CUALIDADES DE LOS INTERCESORES

Reflexionando en oración:

- ¿Estás dispuesto a "tomar responsabilidad" y orar por tu país y por todo el mundo, en estos momentos, cuando la mayoría de la gente no tiene reverencia hacia Dios, y le están dando la espalda, a fin de involucrarse en estilos de vida destructivos? (Favor de ver Ezequiel 22:29–30).

- ¿De qué manera, el hecho de conocer que Jesús y el Espíritu Santo están intercediendo por ti, ha cambiado tu perspectiva y la forma en que practicas la oración, con relación a ti mismo y a los demás?

- ¿Qué piensas de la declaración que hizo J. Rodman William acerca de que "la compasión es la fuente de los milagros"? ¿Cuáles son las personas en tu vida a quienes tú necesitas mostrar compasión de Dios?

- ¿Alguna vez tú has "luchado" en oración por alguna persona? (Favor de ver Colosenses 4:12).

- De acuerdo a este capítulo, ¿cuál es el componente que separa a aquellos que tienen gran poder en la oración, de aquellos que continuamente buscan a otros para que oren por ellos?

Tu plan estratégico:

1. Cuando tú intercedes por ti mismo y por otras personas, debes incorporar los temas que Jesús usó cuando Él oraba por todos los creyentes en Juan capítulo 17. Jesús oro (1) que los creyentes pudieran vivir en unidad, de la misma forma que Él es uno con el Padre Celestial, (2) y que todos nosotros pudiéramos tener el mismo gozo que Él tiene, (3) que fuéramos guardados y protegidos del maligno, (4) que todos nosotros fuéramos santificados en la verdad de Dios, (5) que todos nosotros pudiéramos tener unidad con otros creyentes y con el Padre Celestial y con Su Hijo Jesús, (6) que todos pudiéramos ser testigos ante el mundo, de la verdad del Evangelio, debido a esta unidad, y (7) que un día todos podamos vivir con Jesús y ver Su gloria.

2. Pídele al Padre Celestial que te bautice con el Espíritu Santo y que te ayude a orar de acuerdo

a Su voluntad, ya sea en lenguaje natural o en el lenguaje celestial dado por el Espíritu Santo.

3. Debes revisar el capítulo ocho, enfocándote en cada una de las características de los intercesores efectivos, y buscando desarrollarlas en tu propia vida:

- *Estar alineado con Jesús y con el Espíritu Santo*: ¿Acaso estás orando para que venga el reino de Dios, y que la voluntad de Dios sea hecha en la tierra, tal y como es hecha en el cielo? (Favor de ver Mateo 6:10).

- *Disposición y fidelidad*: ¿Tienes la voluntad necesaria para interceder a favor de la obra de Dios en el mundo, y estás siendo fiel en hacer esto? (Favor de ver por ejemplo, Colosenses 4:2).

- *Reverencia hacia Dios y hacia la justicia*: ¿Acostumbras darle honra al nombre de Dios, y te encuentras en una correcta relación con Él? (Favor de ver, por ejemplo, 1ª Corintios 6:16–7:1).

- *Conocimiento de quién es Dios*: ¿Has podido llegar a conocer el poder y la grandeza de Dios? (Favor de ver, por ejemplo, 2ª Reyes 19:15).

- *Conocimiento de quién eres tú en Dios*: ¿Acaso sabes quién eres tú como un hijo o hija de Dios, a través de Cristo Jesús? (Favor de ver, por ejemplo, Colosenses 2:10, Romanos 8:16–17).

- *Fe*: ¿Estás permitiendo que tu lectura de la Palabra de Dios edifique tu fe? (Favor de ver

Romanos 10:17). ¿Estás dependiendo en tu vista terrenal o en la visión de Dios? (Favor de ver Hebreos 11:1).

- *Compasión*: ¿Estás siguiendo el ejemplo de Jesús, respondiendo a las necesidades de la gente con empatía, y orando por otros con la compasión de Dios? (Favor de ver, por ejemplo, Mateo 9:36–38).

- *Persistencia y perseverancia*: ¿Acaso acostumbras rendirte y darle la espalda a Dios, cada vez que enfrentas luchas, o cada vez que tropiezas y caes? ¿O acaso tú sigues persistiendo, buscando a Dios y pidiéndole que te restaure y que te convierta en un vencedor? (Favor de ver, por ejemplo, Lucas 18:1–8, Gálatas 6:9).

4. Debes enfocarte en perseverar en oración por otras gentes y por sus necesidades, tal como Pablo le dijo a Epafras que lo hiciera por los Colosenses: *"Epafras, que es uno de vosotros, siervo de Jesucristo, os envía saludos, siempre esforzándose intensamente a favor vuestro en sus oraciones, para que estéis firmes, perfectos y completamente seguros en toda la voluntad de Dios"* (Colosenses 4:12).

PENSAMIENTO:
La oración tiene el poder de liberar a los cautivos, porque conecta al intercesor con el Dios Todopoderoso.

CAPITULÓ 9: VISIONES DE LIBERACIÓN Y ORACIONES CONTESTADAS

Reflexionando en oración:

- Cuando tus seres queridos u otras personas están atravesando por dificultades, ya sea que ellos se los acarrearon a sí mismos, o cuando se están comportando en una forma autodestructiva, ¿Cómo debes orar por ellos? ¿Cuál es la forma en que no debes orar por ellos?

- ¿Por qué algunas veces los demonios ponen a los ángeles en conflicto, después de que nosotros hemos orado? ¿Cómo debemos responder ante tales ataques?

- ¿Cómo podemos saber que el diablo ya ha sido derrotado en sus planes para derrocar el reino de Dios? (Favor de ver, por ejemplo, Apocalipsis 12:7–11, 20:2–3,10, Lucas 10:17–20, Colosenses 2:15).

- ¿Qué dijo Mary Baxter que Jesús le mostró cómo la razón de que mucha gente están en el infierno hoy en día? ¿Cómo debemos responder ante esto?

- ¿Cuáles son las necesidades por las que debemos interceder, tal y como se encuentran marcadas en este capítulo?

Tu plan estratégico:

1. ¿Acaso has estado posponiendo la salvación, pensando que tú puedes ser salvo "el día de mañana"? Contesta la pregunta que Elías les

hizo a los israelitas, y recibe a Jesús como tu Señor y Salvador hoy mismo. (Favor de ver 1ª Reyes 18:21). No permitas que el diablo te engañe para creer que puedes vivir tu vida sin tener una verdadera relación con Dios, y después, comparecer delante de Él, cuando a ti se te dé la gana. No esperes hasta que sea demasiado tarde. Reconcíliate con Dios y conviértete en una nueva creación en Cristo Jesús. (Favor de ver 2ª Corintios 5:17).

2. Debes interceder por otros, cuando tú sepas que han estado siendo atados e impedidos para llevar a cabo el llamamiento de Dios en su vida, tal y como lo estaban los hombres en las visiones que tuvo Mary. Debes pedirle a Dios que los libere de sus ataduras y que los saque de su cautividad, para que ellos puedan obedecer a Dios, y que sus relaciones sean restauradas, y sus familias sean bendecidas, y que el Señor traiga sanidad en cada asunto de sus vidas. Debes orar para que ellos se involucren en buenas iglesias, que enseñen la Palabra de Dios, y que ellos se puedan mantener enfocados en Dios y en hacer la voluntad de Dios.

3. Pide a Dios que te de discernimiento para orar por la sanidad y liberación de la gente, de tal manera que tú puedas orar específicamente, de acuerdo a cada necesidad (por ejemplo, las causas físicas, situaciones especiales en las que Dios va a ser glorificado, ataques demoníacos, etc.).

4. Debes orar por las necesidades "más pequeñas" que tú veas alrededor de ti, para edificarte y estar preparado para enfrentar los problemas más grandes. A Dios le preocupan todos nuestros problemas, ya sean pequeños o grandes. Tú debes crecer en tu conocimiento y en tu experiencia acerca de la oración, y por lo tanto ¡debes comenzar a poner en práctica la oración, y ver todo lo que Dios puede hacer!

PENSAMIENTO:

La oscuridad del diablo no es contrincante ante la luz de Dios.

Acerca de los autores

Mary K. Baxter

Mary Katherine Baxter nació en Chattanooga, estado de Tennessee. Siendo aún joven, su madre le enseñó acerca de Cristo Jesús y Su salvación. A la edad de diez y nueve años, Mary nació de nuevo.

En 1976, mientras que Mary estaba viviendo en Belleville, Michigan, Jesús se le apareció en forma humana, en sueños, en visiones, y en revelaciones. Desde ese tiempo, ella ha recibido muchas visitaciones del Señor. Durante esas visitaciones, Él le ha mostrado las profundidades, los grados, los niveles, y los tormentos de las almas perdidas, que se encuentran en el infierno. Ella también ha recibido muchas visiones, sueños, y revelaciones del cielo, de los ángeles, y de los últimos tiempos.

En los viajes que Mary hizo al infierno, ella caminó con Jesús y habló con muchas gentes. Jesús le mostró lo que le sucede a las almas que no se arrepienten cuando mueren, y lo que les sucede a los siervos de Dios, cuando no permanecen obedientes a su llamamiento, y que se regresan a una vida de pecado, rehusando arrepentirse.

Mary fue ordenada como ministro en 1983, en una Iglesia del Evangelio Completo, que se encuentra en Taylor, estado de Michigan. Muchos ministros, líderes y santos hablan muy elocuentemente de ella y de su ministerio. El mover del Espíritu Santo es enfatizado en todos sus servicios, y muchos milagros han ocurrido en el transcurso de ellos. Los dones del Espíritu Santo con demostraciones de poder, se manifiestan en sus reuniones, a medida que el Espíritu de Dios la guía y la enviste de poder.

Mary ama al Señor con todo lo que ella tiene— todo su corazón, toda su mente, toda su alma, y todas sus fuerzas. Ella está verdaderamente dedicada a ser una sierva del Señor, y ella desea, sobre todas las cosas, ser una ganadora de almas para Cristo Jesús. Desde su ministerio, Divine Revelation Inc. que tiene sus oficinas en el Estado de Florida, ella sigue viajando por todo el mundo, contando su testimonio del cielo y del infierno, y las visitas reveladoras que tiene del Señor Jesús.

PARA INVITAR A MARY K. BAXTER A QUE PREDIQUE,

FAVOR DE PONERSE EN CONTACTO CON:

Evangelista Mary K. Baxter
Divine Revelation Inc.
P.O. Box 121 524
West Melbourne, Fl 32912–1524
mkbaxter@adivinerevelation.org
www.adivinerevelation.org

Acerca de los autores

Obispo George G. Bloomer

El obispo George G. Bloomer es fundador y pastor principal del ministerio multicultural Bethel Family Worship Center en la ciudad de Durham en Carolina del Norte, y la iglesia The Life Church en Goldsboro, Carolina del Norte. Él puede ser visto semanalmente en su programa de televisión a nivel nacional, llamado *Spiritual Authority (Autoridad Espiritual)*.

Nativo de Brooklyn, Nueva York, Bloomer tuvo que vencer muchas dificultades personales, incluyendo el medio ambiente destructivo de pobreza y de drogas, y ahora, él usa todas estas experiencias como valiosas herramientas para poder impartirle a otros las habilidades necesarias, y que puedan tener éxito, más allá de sus aparentes limitaciones. Él viaja extensamente como conferencista, y conduce muchos seminarios que tratan con los temas de las relaciones personales, finanzas, control de la tensión nerviosa y estrés, y la guerra espiritual.

Bloomer es el autor de un gran número de libros, incluyendo entre otros, *Looking for Love (En Busca del Amor)*, *More of Him (Más de Él)*, *Authority Abusers (Abusando de la Autoridad)*, y el libro superventas nacional, *Witchcraft in the Pews (Brujería en los Bancos de la Iglesia)*. Él ha colaborado previamente con Mary K. Baxter en el libro *A Divine Revelation of Deliverance (Una Revelación Divina de la Liberación)*, que fue su primer libro en que trabajaron juntos.

Él ha participado como invitado en varios programas de televisión, de radio, y en proyectos de medios de comunicación a nivel nacional, incluyendo, el programa del canal CNN *Faces of Faith (Rostros de Fe)*, la cadena de televisión Trinity Broadcasting Network, en su programa *The Harvest Show (La Cosecha)* (LeSEA Broadcasting), y el programa *The 700 Club (El Club de los 700)* (Christian Broadcasting Network).

El obispo Bloomer ha sido galardonado como Honoris Causa en Divinidad por el Instituto Christian Outreach Bible Institute. Él vive en Durham, Carolina del Norte, con su esposa y sus dos hijas.

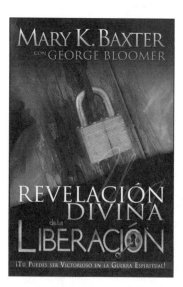

Una Revelación Divina de la Liberación
Mary K. Baxter
con George Bloomer

Muchos cristianos se preguntan por qué no han podido vencer al pecado, a las tentaciones, y por qué están sufriendo con problemas recurrentes, en su salud, sus finanzas, y en sus relaciones. *Una Revelación Divina de la Liberación* exponetodas estas tácticas de satanás. A través de las escrituras, visiones de la guerra espiritual, y encuentros personales con las fuerzas espirituales del mal, Mary K. Baxter descubrió verdades poderosísimas que pueden ayudarte a vencer el temor que tienes del enemigo y reconocer y conquistar las trampas satánicas. Ésta es una guerra que debe ser peleada con el poder y las armas sobrenaturales de Dios.

ISBN: 978-1-60374-060-9 • Rústica • 256 páginas

www.whitakerhouse.com